尾木ママの子育てアドバイス

こわい顔じゃ伝わらないわよ

尾木直樹

新日本出版社

《プロローグ》——私にとっての「尾木ママ」

「どうして僕は『尾木ママ』なんだろう?」

尾木ママとしてデビューして以来、かれこれ十余年が経過した今、改めて、こんな言葉を自分自身に問いかけています。

尾木ママが誕生したのは、2009年。それまでほとんど縁のなかったバラエティ番組に呼んでいただき、司会をされていた明石家さんまさんに、本番中に「ママ〜」と呼ばれたのがきっかけでした。それから、あれよあれよという間に、オネエ的なキャラクターの「尾木ママ」として、テレビに雑誌に講演会にと幅広く活動を展開していくことになったのです。

「どうして『尾木ママ』が生まれたのですか?」という問いは、尾木ママとしてデビュー(?)した当初、様々なメディアから受けた質問の中で、一番多いものでした。私のこの個性的なキャラクターが、なぜ突然生まれてきたのか、みなさんには不思議に思えたのかもしれません。

最近では、「尾木直樹」よりも、「尾木ママ」として認識してくださる方のほうが圧倒的に多くなりました。もともと教育評論家であることをご存じない方も少なくありません。私自身も尾木ママでいることにすっかり慣れてしまい、「どうして尾木ママなのか?」などと改めて考える機会もなくなっていたのです。

そこで、尾木ママとしてデビューしてから十余年目の今、改めて私にとっての「尾木ママ」とは何だったのか、本書の執筆をきっかけに、深く「考察する」ことにしました。

※　※　※

折も折、尾木ママ誕生を振り返る本書の執筆作業が進行している最中に、突然、降って湧いたようにコロナ禍《か》が日本と世界を襲ったのです。

この2月末以降、新型コロナ感染症の脅威が世界中を席巻《せっけん》し、「学校の休校はいつまで続くのか」「子どもたちはどうなるのか」「教育は大丈夫か」――、私の主宰する臨床教育研究所「虹」には取材の依頼が殺到し、出演や対応に追われる日々が続きました。緊急事態宣言下では、ドラマやバラエティ番組の収録も自粛《じしゅく》の状況にありましたが、相変わらず、情報番組を中心にメディアから出演のお声がけをいただいています。情報発信できるのはありがたいことです。

コロナ禍と、それに伴う私のこのような状況の変化は、私が「尾木ママとは何か」を考えるうえでも大きな影響を与えました。そのために、本書の内容は企画がスタートした当時のものと大幅に変わってしまったことを、はじめにおことわりしておきます。

「尾木ママ」が生まれた意味や背景をじっくりと考察した結果、私なりの「見解」も見えてきました。つまり、私なりの「尾木ママ論」です。

まず言えることは、真面目一方のイメージの「尾木直樹」も、明るいキャラクターの「尾木ママ」も、私自身にとってはまったく違和感がないことです。正義と真実を求める「尾木直樹」のガンコな部分は、幼少期から私の人格の「核」として健在です。一方、後からキャラクターが強調されバラエティー番組等でクローズアップされた「尾木ママ」の方が、私の素には近いのかもしれません。一見相反するこの性格は、私の生い立ちや、子ども時代の経験を振り返った本書の第Ⅱ部をお読みいただければ、納得していただけるのではないでしょうか。

※　※　※

特に、母親から受けた教えと伊吹《いぶき》の大自然の中での「原体験」は、私の人生の方向を決定づけたように思います。一人の人間の感性や価値観の「核」は、意外にも生涯不変なのかもしれません。

次に、社会になぜ「尾木ママ」が受け入れられたのか背景などを考えてみました。こちらについても、自分なりの答えが見えてきたような気がします。

その理由の第一は、「安心感」がもたらす力です。私の女性的な話し言葉や口調、イントネーションは、「マザリーズ」と言われ、いわばお母さんの子守歌のような波長をもっているそうです。学校や社会を覆っているギスギスとした競争ムードや、相手の顔色を読むことに疲れた子どもたちや大人までもが、母親のような安心感を求めていたのかもしれません。

ところで、私は現場の教員時代から、「どうしたの?」をキーワードに、まずは相手の言い分を聴くことをモットーとしてきました。自分の主張を相手にガンガンぶつけていく「モーレツ」時代は終わりを告げ、相手の立場や心情を理解し、発する言葉にもしっかりと耳を傾ける姿勢こそが、この困難な時代を乗り切るためにますます必要になってきたように思えてなりません。困難な状況下では、時にはお互いの主張が正面からぶつからざるを得ない場面も出てきます。でも、相手の主張や立場を理解し、耳を傾ける姿勢は忘れたくないと思います。この辺りは、新聞の連載で読者から受けた子育て相談の回答をまとめた、本書の第Ⅰ部をお読みくだされば、感じとっていただけるかもしれません。どんなに時代が変わっても、子育てで最も大切にしたいのは「共感」し合うことですね。

二つ目は、「多様性」の広がりです。私のような、一風変わったキャラクターを楽しんでおおらかに受け容《い》れてくださる、時代の空気が醸成《じょうせい》されてきたように思います。多様な性や多様な個性を持つマイノリティの方々がシンパシーを感じて親しく声をかけてくださったり、お仕事を依頼されたりする機会も、尾木ママになったからこそ一気に増えたように思います。私の視野もグンと広がり、人々への理解力も深まりました。単なる演出や作り物ではなく、個性の延長線上のキャラクターとして、温かい目で受け容れてくださる方が多いことに感謝しています。

三つ目は、「ま、いいか」の楽天的な精神です。これは昔からの私の口癖《くちぐせ》でもあるのですが、困難な状況下でも、完璧《かんぺき》を求めすぎず、深刻になりすぎず、の精神です。情報過多な現代ですが、これまでと同様にできた部分、いいところに注目して、時には休みながら、マイペースで前進したいものですね。

本書は決して、人生74年目を迎えた「尾木ママ」の回顧録《かいころく》ではありません。「尾木ママ」は、私や周りの誰かが面白おかしく作り上げたものではなく、時代の求めに応じて、私の個性に重なる形で自然に生まれたものかもしれません。私にピッタリ重なる形で、さんまさんと共に空から降《お》りてきたキャラクターなのかもしれません。

私は、これからも、この「尾木ママ」という個性豊かなキャラクターを大事に、謙虚に、そしてさらに積極的に輝いていきたいと思っています。そのことを通じて、少しでもみなさんや社会のお役にたてるのであれば、これほどうれしいことはありません。

※　　　※　　　※

世界全体が、コロナ禍により、政治も経済も、もちろん社会・教育も、その基盤から抜本的に変化せざるを得ない瞬間に臨んでいる今、私も自分にできることを真摯《しんし》に考えて、実践していきたいと決意を新たにしています。どうか、みなさん知恵を合わせ、子どもたちとパートナーシップで手を取り合い、この困難な局面をきり拓き、新しい時代を構築していきたいものですね。

こわい顔じゃ伝わらないわよ〜尾木ママの子育てアドバイス〜　目次

2 尾木ママの子育てテーマトーク

第Ⅱ部　尾木ママが育った村

第Ⅰ部　尾木ママの子育てアドバイス

1　子育ての悩みQ＆A　尾木ママに聞きたい！

怒鳴りたくなったら?

Q 小学3年生の娘が言うことを聞かなかったり、しつこくふざけたりすると、イライラして「いいかげんにして」と怒鳴ってしまいます。後で「言い過ぎたなぁ」と自己嫌悪に……。こんなとき、どうしたらいいの?

まずは深呼吸

疲れているときや自分に余裕がないとき、子どもの言動にイライラしてしまうことってよくありますよね。「何度言わせるの⁉」「もう知らない! そんな子はうちの子じゃない」なんて大声を出して、余計にこじれたりして。子どもとしては「勝手にイライラして、なんで僕に八つ当たりするんだよ！」という気分にもなるものです。

まず、怒鳴りたくなったら、深呼吸しましょう。それでも感情がおさまらなければ、一度その場を離れたり後ろを向いたりして、なんとか気持ちを転換させましょう。

そうして気分が落ち着いたら、子どもの言い分を聞いて、いったん受け止めること。おとなは的確な指示を出そう、諭《さと》そうと考えがちだけど、まず一番大事なのは、子どもの話に耳を傾け、「共感」することです。

方法は簡単。「どうしたの？」とたずねてみるんです。これが尾木ママの「魔法の言葉」。たとえばお姉ちゃんが妹に「バカ！」と言っているのを見たりしますよね。でもそれには、「私の手紙を勝手に見たんだもん」とか、何か理由があるわけ。何はともあれ、まずは子どもの言い分に耳を傾けることです。

次に、子どもの言葉の語尾を繰り返してみてくださいね。「ムカつく」と言ったら「ムカつくんだね」、「ママなんかきらい」と言われたら「きらいなんだね」。すると、お母さんが自分を受け止めてくれていると感じて、気持ちが落ち着くものよ。

話を聞いてもらえて、押しつけられることもなければ、子どもはまた話そうとします。その繰り返しが「なんでも話し合える親子関係」をつくっていくんですよ。

失敗をおおらかに受け止めて

何度言っても言うことを聞かなかったり、「うるさいなぁ、わかってるよ」と口ごたえしたり……。子どもが言うことをきかないときも、イライラして怒鳴ってしまうものですよね。仕事から疲れて帰って夕飯を必死で作っているのに、子どもはダラーっとテレビを見ている――。こういうのもイライラする場面ですね。では、どうして親はイライラしてしまうのでしょうか？

それは、子どもを親が思うようにコントロールしようとしているのに、思い通りに子どもが動いてくれないからです。

でも、子どもというのは必ずしも親の思い通りにはいかないもの。それもそのはずです。子どもは親とは別の人格や意思をもった人間なのですから。だから、親の役割は、子どもの自己決定を尊重し、子ども自身が成長していこうとするのを支援する「サポーター」。主役は、あくまでも子どもです。

たとえば、宿題を忘れて学校に行く日もあるかもしれない。でも、子どもは何度も失敗を繰り返して学んでいくものなんです。失敗は子どもの権利なの。何回も同じ失敗を繰り返すのを見ていると、イライラしてしまう親の気持ちもわかりますが、子どもの失敗をおおらかに受け止められる親になりましょうよ。親の我慢が子どもを成長させるんだと、大きく構えてくださいね。

親が子どもへの対応がうまくできなかった場合に大事なのは、親が何でも自分がやらなきゃ、フォローしなきゃ……と抱え込んでしまわないこと。子どもに「一緒にやってみようか」と声をかけたり、「ちょっと手伝ってくれない？」と頼んだりして、一緒にやればいい。そんなふうにしていれば、「お母さん手伝おうか」って、自分から言えるような優しい子に育っていくものです。

親の落ち度は素直に謝る

子どもにイライラをぶつけてしまって、自分にも悪いところがあったと思ったなら、「怒鳴っちゃったりして、ゴメンね」って素直に謝ることが大事。「ゴメンね。ママ、わかっててもダメなんだよなぁ、40歳にもなって」とかね。

自分の落ち度は、子どもに対しても「ゴメンね」と言える。すると子どもの方も素直に「ゴメンね」と言えるようになるの。

一人の人間として、子どもに素直に向き合う気持ちがあれば、親も子育てを通して、成長していけるものですよ。

のんびり屋の息子。つい過保護になってしまう

Q　小学4年生の息子は、とてものんびりしているので、心配で、失敗しないようにと何かと手出し・口出ししてしまいます。朝は私が起こし、忘れ物をしないように持ち物をそろえてあげます。自分でも過保護だと思うのですが……。

過干渉は自立の敵

たぶん、お母さん本人もわかっていると思いますけれど、これは良くないですね。「学校でつらい思いをしたらかわいそう」「失敗して、学校に行くのがイヤになった

ら大変」と心配だからこそ、子どもを守ろうとして「過保護」「過干渉」になってしまう親の気持ちはわかります。

けれども、子どもが失敗しないように、親が先回りしてあれこれ世話を焼いてしまう。こういう関わり方を続けていると、いつまでも子どもは自立できません。子どもの貴重な体験の場を奪ってしまうんですね。失敗して痛い思いをすることも、子どもの心の成長には大事なんです。

過干渉な親は、子どもに自分の考えを押し付けてしまいがちです。子どもが意見を求めてきたとき、「それはダメ」「こうしなさい」と頭ごなしに言ってしまうことが多いんじゃないかしら？

これが続くと、親の言うことに従うだけの表面的な「イイ子」になる危険性があるの。まずは過干渉をやめることが大切です。

そのときの、その子に合った方法で

たとえば「自力で起きることができず、このままだと遅刻してしまう」という場合、対応のしかたには二通りありますね。

一つは「いいじゃない、先生に叱られたら」「遅刻してこりればいい」と割り切って、起こさないという荒療治《あらりようじ》。これで成功する場合もあると思います。

もう一つは、自分で起きられる方法を子どもと一緒に考えて、サポートしていくやり方です。「明日から、お母さんは2回だけ声をかけるから、自分でも目覚ましをセットして、それで起きてみよう」というように、小さな目標を持たせる。そして実際にできたら、「わ〜、この1週間で、ずいぶん起きられるようになったね」とほめて自信をもたせて、だんだんステップアップしていくの。

親が、そのときの、その子に合った方法を一緒に考えることが大事です。いずれにしても、「もう4年生なのに、なんでできないの？」とか、自尊心を傷つけるような言い方はやめたほうがいいですね。

子育てのポイントは、自分で決める自己決定力を子どもにつけていくことです。子どもが「どうしたらいいかな」と相談してきたとき、親は結論よりも解決策を提案して、子どもが自分で決められるようにしてほしい。「こうしたらどう？」と、いくつかの方法を提案できる力をつけることが、親として大切なんですよ。

小6娘の異性関係にとまどいます

Q　小学6年生の娘が、好きな男の子と両思いであることがわかり、私にも教えてくれました。「放課後2人で遊ぶ」という話もしています。「今の子はませているな。でも、私に話してくれるだけいいのかな」と思いつつ、とまどっています。どのように対応すればいいですか？

人を好きになるのは素敵なこと

人を好きになることは、子どもたちにとっても素敵なこと。大いにけっこうです。同性の友だちづきあいだけではなく、異性を好きになることによって「〇〇くんに好かれるように、私も、もっと勉強をがんばろう」「○○さんに、かっこ悪いところを見せたくない」といった気持ちが生まれるでしょ。弱点を克服しようと努力したり、おしゃれに気をつかったり、相手に好かれる自分になろうとする。そのことが、人間の成長に役に立つのです。

言葉は一人前でも

子どもに「○○くんとつきあってるんだよ」と言われると、どんなに親密な関係なのか……と心配になる人もいるんじゃないかしら。でも「両思い」とか「つきあう」とか言っても、実際には、ただ仲良くしゃべっているだけ……ということも。「両思い」というのも、「両方が、相手のことを別にキライじゃないよ」というくらいの場合もあります。だから、むやみに心配しなくても大丈夫ですよ。

私はずっと、子育ての大きなテーマは「自立」だと話しています。自分のことが自分でできるという身辺的な自立、精神的な自立、経済的な自立などがありますが、性的な自立も重要なこと。人を好きになるということは、ある意味では自立への一歩でもあって、健康的なのです。

ルールを決めて

同時に、そうは言っても「お母さんはあなたのことを信頼しているからね」と、何も口を出さないというのも良くないですね。異性との接し方、気をつけるべきことなどを、ぜひ子どもと話してください。

それから、必要なルールを決めることも大切ですよ。暗くなる前に帰ってくる、部屋を閉め切って二人で遊ばない、電話やメール、ＳＮＳで長時間やりとりしない……など。とくにＳＮＳは、大人や第三者の目が届きにくいですから注意が必要です。守るべきルールについて親子で話をすることは、子どもの異性観や異性関係を健康的に成長させていくことにもつながります。

そして、もしルールを守れなかった場合や、性的な関係が疑われるなど、心配なことが出てきた場合は、放っておかず、直接子ども本人に尋ねてみましょう。

一方で、この機会に、自分たち夫婦の夫婦関係や恋愛についても、ぜひ子どもに話してほしいと思います。よく夫婦げんかをする人だったら、「あなたをどういう子に育てたいかをめぐって、対立して言い合いをするけれども、お母さんはお父さんのこういうところを尊敬しているのよ」とかね。シングルの人ならどうして別れたのか、何がうまくいかなかったのかということも、できれば率直に話してもいいと思うの。一般論での性教育ではなく、夫婦の出会いや結婚、子どもが生まれ育つ喜びを語ることは、すごく大事なことですよ。

言葉遣いの乱れ、どう注意する？

Q　小学6年生の娘の言葉遣いに困っています。妹（小3）に「てめえ、ムカつくんだよ」「なにそれ、バカじゃないの」と毎日のように言い、注意すると「別にいいじゃん」と言い返してきます。直してほしいのですが、どう声をかければいいでしょうか？

見守るきっかけに

まず気をつけたいのが、もともとは言葉遣いが丁寧《ていねい》だった子が荒っぽい言葉を使うようになった場合。その変化を見逃さないでほしいと思います。

中学校の教員を長くやっていた経験から言うと、言葉遣いが悪くなる子は、その後、生活や態度も乱れてくるものなんですよ。

子どもの言葉遣いが荒れてきたと感じたら「どうしたの？　何かあった？」と尋ねる。もし、自分のつらい気持ちを話してくれたら、その思いに共感してほしいですね。

たとえ「別に」「なんでもない」という返事であっても、子どもの様子から「ああ、大丈夫じゃないな」と親がわかればそれでいい。それが子どものことを気にかけて、見守るきっかけになればいいのです。

言葉の大切さ

一方で、普段から言葉遣いが気になる子には、言葉の大切さを一緒に考えてみたいですね。

私が中学校の教員だったころ、生徒の言葉遣いが悪いとき、「丁寧な言葉で言ってくれる？」と言い直させていました。「うっせぇんだよ」と言われたら、「丁寧な言葉で言ってごらん」と促してみる。すると、「うるさいです」「ほら、全然気持ちが違うでしょう」。その場の雰囲気も、ぐっと和みましたね。

人間は言葉を使って感情をコントロールし、ものを考えます。「言葉は心の鏡」とも言いますね。言葉遣いが荒いということは、発想や思考そのものが荒っぽいということです。一方、使う言葉が丁寧でボキャブラリーが豊富な人は、その分豊かな発想と交流ができるんです。「てめぇ、ムカつくんだよ」という言葉を使う人は、そういう感情で動いているの。「あなたの言い方は、少し腹がたつんですけれども、直してもらえないですか」と言うのとは、心の動きも、人に接する気持ちも違うんです。

「言葉の暴力」という表現があります。先生が「てめえら、廊下にいないで早く入れ！」なんて言ったら、たとえ体罰をしていなくてもドキッとするじゃない。言葉は人を傷つけるナイフにもなるんですね。

言葉というのは、そういう力をもっているし、だからこそ嫌なことを言われたほうは傷つくんだよ。そんな話をして、一緒に考えてみてはどうでしょうか。

大人も丁寧な言葉で

子どもに言葉の大切さを伝えるのと同様に、大人自身も言葉の使い方を見直してみましょう。注意をするとき、親が「どうして、そんな言い方をするのよ！」と感情的になって言うと、子どもだって素直に聞けなくなってしまいます。いきなり感情をぶつけたり、頭ごなしに否定したりするのではなく、落ち着いて話しかけられるといいですね。

丁寧な言葉を選んで発すると、心の動きも丁寧になります。実際に、その場でやってみるといいですよ。

場面に応じて言葉を使い分けるのは、とても大事なこと。気持ちや行動も、それに応じたものに変わってくるものですね。

中2の娘がいじめられています

Q　中学2年生の娘がクラスの男子生徒2～3人から嫌がらせを受けています。「あいつキモい」「マジうぜぇ」と言われたり、そばを通ると「あぶねー、触るところだった」と大げさに避けられたり……。娘が不登校になりかけたので担任の先生にも相談しましたが、嫌がらせは今も続いています。親として何ができるでしょうか？

学校は無理に行かせなくていい

これはいじめですね。面と向かって「マジうぜぇ」「キモい」だなんて……。娘さんは、心に刺さる、言葉のナイフを日々、つきつけられているようなもの。こんなつらいことはありませんね。

家庭では娘さんの気持ちに寄り添い、「お母さんは100%あなたの味方」「あなたは何も悪くない。つらいときは学校に行かなくてもいいよ。お母さんがあなたを守るから」ということを繰り返し伝えてください。命の危険を冒してまで、学校に行く必要はないんですから。

命を守るため

まずは「嫌がらせがまだ続いていて、娘がつらい思いをしている」ということを、学校に伝えることですね。すでに担任の先生には相談しているのだから、今度は校長先生に話しましょう。そのとき気をつけたいポイントは、担任の先生の対応に不満があっても、担任の先生を悪く言わないこと。それと「いじめ」という表現をむやみに出すのではなく、できるだけ具体的に、どんなことをされているのかも話してみましょう。

「実は、すでに担任の先生には生徒への指導もしていただいているのですが、今も嫌がらせがなくなりません。さらに先生方のお力を借り、担任の先生へのサポートもお願いしたいのですが」と伝え、「このままでは、うちの娘は不登校になってしまいます」と訴えたらいいのではないでしょうか。

２０１３年から施行された「いじめ防止対策推進法」で、学校はいじめ防止の計画を策定し、いじめに対応するための組織を置くことなどが義務付けられました。いじめは子どもの命に関わる問題。何よりも大切な命を守るため、学校はほかのどんなことよりも、いじめ対策を重視すべきです。そんなことを念頭に置いて、学校に真剣な対応を求めていきましょう。

味方になって

いじめ問題で最も重要な原則は、いじめてもいい理由は何一つないということです。

もし誰かの言動やあり方に問題があるとしても、言葉で伝えればいいのです。

そして、いじめに「このくらいなら大丈夫」はありません。人権感覚の豊かな子、優しい子ほど、いわゆる「軽い」ことで死にたいほどつらくなるの。

「こんなことを言われても、はね返せる子もいる。もっと強くなれないのか」という人もいますが、私は、そうは思わない。そんな強さは無用の強さで、本物の強さではありません。

「うぜぇよ」と言われて「おまえこそ、うぜぇよ」と言い返す。私は子どもにそんなふうになってほしくはない。同じ土俵でたたかうのではなく、もっと人権感覚豊かなところで、いじめとたたかう子になってほしいと思います。

とくに小学校高学年からのいじめ問題は、たとえ言葉のいじめであっても、無視などの態度であっても、「尊厳を傷つける人権侵害で、命に関わることだから許されない」という視点で話すことが大切だと思います。

子どもの「ウソ」、とがめるべき？

Q　小学生の息子2人は、宿題をやっていないのに「やった」と言うなど、よくうそをつきます。どう対応すればいいですか？　「うそはいけない」と、厳しく伝えたほうがいいのでしょうか？

嘘と違う、「ウソ」

子どものうそには、おとなが考えるような、意図的につく「嘘《うそ》」とは違う、うそという自覚のない「ウソ」があるんです。

たとえば「宿題やったの？」と聞かれたとき。実際はまだでも、「早くやらなきゃ……」という気持ちがあると、終わらせた自分が幻想みたいに出てきて、やったような気になってしまう。それで「やったよ」と言っちゃう。これが子どものウソです。これは、発達上の観点からいうと、低年齢ほど現実と願望の区別がはっきりしていないことから起きているのです。だから、親が叱ってもあまり意味がありません。大事なのは、子どもの気持ちを受けとめること。「よっぽど宿題をやりたくないんだな」とかね。

きょうだいげんかで、「相手が先にやった」と双方が言うこともありますね。弟としては、実際に先に手を出したのは自分でも、たたき返されたのが痛かったから、「自分の方が被害者だ」という気持ちが強くて、お兄ちゃんが先に手を出したと思っているのかもしれない。その気持ちの部分を「痛かったね」と受けとめてあげることが大切なの。

それは「だまされたふりをする」のとは違います。重要なのは、その言動をしてしまった子どもの気持ちにしっかり「共感」することです。言葉だけで「ああ、そうなんだね」なんて対応しないでくださいね。親がちゃんと自分を見てくれていないと子どもは感じてしまいます。もしかして、子どもが「うちの母ちゃん、ちょろいぞ」とうそを覚えていくかもしれません。

叱るより共感

小学校の高学年にもなると、自分を守ろうとしたり、悪いことをごまかそうとしたりして、本物のうそをつくようになってきます。

確かに、うそをつくのはいいことではありません。事実ではないことを相手に伝えるのは、基本的にはよくないことです。また、人を傷つける悪質なうそには、きちんと対応する必要があります。だからといって、すぐに叱らないでほしいのです。

もしかして子どもは、うそをつくのはいけないことだとわかっているけれど、どうしようもできなくて、うそをついているのかもしれない。つらい気持ちを抱えているかもしれない。だから「うそなんかつかなくても、お母さんはちゃんとあなたの話を聞くよ。あなたの味方だよ」というメッセージは伝えてほしいの。叱るだけだと余計、自分の気持ちを隠すようになり、うそを言うようになることもあります。

「怒らないから本当のこと言いなさい」と言うこともありますね。そのときは言葉通りに怒らないで、「そんなことがあったら、お母さんだってうそ言っちゃうかもしれないなぁ〜」くらいの共感を示すことが大事ですよ。

私自身、教育現場で長いこと子どもたちを見てきましたが、「ウソ」をつかない子どもなど見たことがありません。「ここで見逃したら、うそつきになって大変」なんて、躍気《やっき》になる必要はありませんよ。うそをついたという行為にこだわりすぎないで、その言葉の裏にある子どもの気持ちをくみとり、「心のキャッチボール」をしてほしいです。

子どもが言っていることは「ウソ」なのか「嘘」なのか。違いをよく見極めて対応したいものですね。

新学期を迎えるわが子。どう支えたらいい？

Q　新しい環境に馴染むのは子どもにとっては大変だと思うんです。特に、新年度が始まったときなどは……。子どもの様子が気になりますし、「学校に行きたくない」なんて言われたらどうしようと、不安になるのですが……。

小学生の場合

入学したばかりの1年生が登校を渋るのはまったく不思議なことではありません。「行きたくない」と泣いたり「おなかが痛い」と言ったりすると、親は「このまま不登校になるのでは……」なんて心配になったりしますが、そういうものではないの。

保育園や幼稚園に通っていたときとは生活が激変して、不安なのは当たり前。「知らない子ばかりで緊張しているのかな」「初めての男の先生で怖いのかもしれない」と、子どもの気持ちを想像してみましょう。そうすれば、「こうやって声をかければいいかな」というのがわかるものですよ。

それに、自分の気持ちを出せるのは素晴らしいこと。無理に我慢してしまうほうが心配です。「行きたくない」と言われたら、その思いを受けとめて「本当の気持ちを教えてくれてうれしいわ」と返してもいいと思いますよ。それで本人の気がラクになって、元気になることもあります。

家では子どもの話をよく聞いてあげてください。「校庭に、アリの巣があったよ」と、学校生活とは関係のない話でも、それが楽しかったという思いを丸ごと受けとめる。そして翌朝には「アリの巣がどうなったか、今日も見てきてね」と声をかける。何でもいいから学校に行く楽しみをもてるように接してあげてくださいね。

それから、４年生くらいまでは、子どもの前で決して先生の悪口を言わないでください。親の意見に影響されて、先生への信頼をなくしてしまうからです。そして、先生の話や授業を素直に聞かなくなってしまいます。それでは教育が成り立ちません。一番の被害者になるのは、子どもたちですよ。

忘れ物が多いというのも、４月の特徴です。

小学校低学年の場合、まずは持ち物を一緒に準備するところから始めましょう。「明日は、１時間目は○○だから持ち物はこれとこれだね。先生からプリントはもらってないかな」と声をかけて、時間割のそろえ方や、持ち物のチェックの仕方を一緒に習得していきましょう。放任や過保護、過干渉では自立心は育ちませんよ。

そして、担任の先生を信頼して、どんどん相談してください。「先生に何か言うと、クレーマーだと思われないか……」と心配する人もいますが、そこは言い方次第。いきなり何かを要求するのではなく、「うちの子、今○○で困ってるんですが、家でできることはありますか？」と質問や相談をするトーンで聞いてみる。すると先生も

「学校では、こんなふうにしていますよ」と学校での様子を知らせてくれたり、「では、○○をやってみましょうか」なんて提案してくれますから。

子どもの情報を親と教師が共有するのは大事なことです。連絡帳でも電話でも直接会ってでもいいので、ぜひ先生に伝えてくださいね。

一方で、将来的には、「高学年になったら自分一人で準備できるようになる」など、具体的に自立への目標を親子でもって、近づいていけるといいですね。

中学生の場合

中学生になると、勉強も友だち関係もグッと難しくなります。不安を抱えている子には、親自身の経験も交えながら、「お父さんもそうだった。不安なのは、みんな同じだよ」ということを伝えてみてください。「4月はおとなの先生だって会社員だって、新しい環境に不安を感じるものだ」と聞くことで、案外ラクになるものです。

また、教科ごとに担当する先生が替わる中学では、苦手な先生がいたとしても、他の教科や部活の顧問など、どこかで気が合う先生が見つかるもの。そんな話も、してあげたらいいんじゃないかな。

行きたくない理由が深刻なものでなければ、親が励まして登校させるのが大切だと思います。その場合、ただ「がんばって」と言うのではなく、まずは、できていることを認めてみましょう。子どものできていることを、ありのままに声に出して、鏡のように映し返す。「2週間たつけれども、ちゃんと朝ごはんを食べて、遅刻もしないで行くなんて、よくやってるね」とかね。

これは、無理におだてるのとは違います。変にほめると、バカにされていると思って、かえって思春期のプライドを傷つけますから注意してくださいね。

親にわかってもらえたと思うと、子どもは安心して、心に元気が出る。そして、前向きな気持ちも湧いてくる。これをエンパワメントと言います。

家に帰って家族の顔を見ると、ホッとして元気が出てくる――ぜひ、家庭をこんな場所にしてください。親御さんが働いていたりすると忙しくてつい、「あとでね」となってしまうでしょうけど、子どもが話しかけてきたら、家事の手をちょっと休めて、短時間でもいいので、しっかりと子どもと向き合って耳を傾けてあげてほしいと思います。

思春期の娘――父親の接し方のコツは？

Q　反抗期の娘（中学2年生）への夫の対応が気になっています。娘が口ごたえをすると「何だ、今の言い方は！」と怒鳴ったり、私がたしなめると夫婦ゲンカになってしまったり。夫に娘との接し方を考えてほしいのですが、どうすればいいでしょうか？

「思春期」の発達上の意味は

この時期の子は、親が何か言うと「別にぃ」「うるさいなぁ」という反応で、態度も反抗的……。女の子は父親を避けるようになることも多いですね。娘の変化に戸惑い、どう反応していいのかわからず、つい感情的になってしまうお父さんの気持ちは、わからなくもありませんね。

でも、そういう父親の対応は、娘さんの成長に少なからず影響を与えます。上から目線で自分のことをわかってくれない父親。自分のことで、両親がしょっちゅうケンカをしている――。そういう状況は、子どもの心を不安定にさせるんです。家の居心地が良くないと、外に居場所を求めることにもつながりかねません。

そうならないためにも、子どもの成長や発達の上で思春期とはどういう時期なのか、ぜひ理解してほしいですね。そして、娘の気持ちになって考える「共感能力」をもってほしいと思います。

つい娘に怒鳴ってしまうお父さんには「尾木ママが思春期についてこう言ってるよ」と教えてあげてね。お母さんが伝えようとしても聞く耳をもたないなら、思春期の発達について科学的に解説されている本を何か1冊渡して、「この本、とてもわかりやすかったよ。忙しいと思うけれども、読んでみたらいいんじゃない?」と促してみるのはどうかしら。

自立への一歩

思春期は、子どもが親から精神的に自立するために必要な発達の時期です。親やおとなにつくられた今までの自分を、新しい自分につくりかえ、自立への一歩を歩み始める大切な時期なのです。

まず、心と体に急激な変化が起こり（第二次性徴）、不安を抱える時期でもあるので、無性にイライラします。それを親にぶつけるのは、「反抗しても自分のことを見捨てない」という信頼があるからこそ。

そういうとき、頭ごなしに否定したり、売り言葉に買い言葉で真っ向勝負をしたりすると、子どもの不安やイライラはどんどんエスカレートしてしまいます。子どもと同じ土俵に立つのではなく、「ああ、うちの子も、なかなかしっかりしてきたんだな」と、子どもの成長を喜ぶくらいのおおらかな気持ちで向き合えるといいですね。

「壁」役を担って

同時にお父さんには、必要なときに「それはおかしいと思うな」「そんなのお父さん、許さないよ」と子どもにきっぱり伝える、「壁」の役割も果たしてほしいの。

この時期は、「どうしたらいいのか」「どこまでなら許されるのか」を、親への反抗という形で手探りしている状態でもあります。だからこそ親御さんには、自分の信条に基づいて毅然《きぜん》とした態度で立ちはだかり、子どもの成長をうながす「壁」になってほしいのです。

ときに反抗し、ときに甘え、思春期の子は親に依存しながらも自立していきます。親であるみなさんにも、そんな時期があったはず。夫婦で話し合い、「お父さんにも、こんなことがあったよ」「お母さんはこう思うな」と自分の体験や考えを伝え、わが子と正面から向き合ってほしいと思います。

遊ぶ「約束」ルールづくりのポイントは？

Ｑ　小学４年生の息子は行動範囲が広がり、友だちと遠くまで遊びに行くようになりました。出かける前に親に伝えた行き先と違う所へ行くこともあり、事故にあわないか……など心配です。どう声をかければいいでしょうか？

安全確保が大前提

これは、多くのお母さんに共通の悩みでしょうね。活発で行動的なのは好ましいことだし、外でのびのびと遊ぶのは大切なこと。でも、約束した行き先を勝手に変えてしまうのは心配ですね。友だちと遊ぶのはいいけれど、安全が確保されていることが大前提です。

親が、子どもに自分でトラブルに対処できる力がまだついていないと不安に思うなら、親が許可した範囲の場所や時間で遊ばせるべきです。事前に家庭でつくったルールの範囲で友だちと約束をさせるようにして、それ以外は行かせない。勝手に違う所に行ったときは厳しく問う。そういうルールを貫いてくださいね。

遊んでいる途中にほかの子に「○○へ行こうよ」と誘われたときなどは、携帯電話があれば連絡させる。なければ、「家のルールだから」とか、断りづらければ、「お母さんに叱られるから」などと親のせいにして断らせるといい。

友だちとの関係で約束を守らせるのが難しい場合は、ほかの親御さんとも家のルールを確認しあうなど、話し合える関係をつくれるといいですね。

親が壁になる

こういう話をすると、「あまり厳しく言うと、親に行き先を言わなくなり、かえって隠し事をするようになるのでは？」と心配する方も多いんですよね。でも、そんな心配は必要ありません。普段から子どもの話をよく聞いたり、認めたりほめたりして、親子の信頼関係が築けていて、子どもの自己肯定感が育っていれば大丈夫ですよ。

子どもは一方で親に反発しながらも、親に依存しながら成長していきます。親には子どもの「壁」になる覚悟が必要なんです。「うちの母ちゃんは怖いけれども、いつも僕のことを大事にしてくれるし、わかってくれている」、そういうプラスとマイナスの両面を併せて、壁としての親の姿を感じられるようにしないと、「甘くてちょろいもんだ」と思われてしまいますよ。

親が壁になることは、子どもを守ることにもつながります。たとえば友だちとの関係で何かを断りたいとき、「僕の親は厳しくて、絶対ダメ！　と言われちゃったよ」と、親を悪者にして自分を守ることができるのです。

夏休みは注意

夏休みは、子どもも解放的になる時期です。非行のきっかけは夏が多いもの。1日の生活リズムを子どもと相談しながら決めて、それを自分で守りながら生活できると自立できますね。

夏祭りや盆踊りなど、楽しい行事もたくさんあります。安全かどうかなど、親が事前に情報をつかみ、子どもが大人の同伴なしで出かける場合は、帰宅時間ややってはいけないこと等、約束を決めておくことも大切です。

きちんと約束が守れたときは、ほめて、「楽しかった?」と話を聴くことも忘れないでくださいね。

親の顔色をうかがう娘

Q　小学5年生の娘は、欲しい物があっても「ダメって言われるだろうな」と思うと、自分から欲しいと言いません。親の顔色をうかがって、がまんしているように感じます。もっと自分の気持ちを言えるようになってほしいのですが……。

過剰な〝イイ子〟は危険サイン

子どもというのは、特に母親に対しては、「自分を受け入れてほしい」という気持ちを本能的にもっています。だから、ママの表情や目つきのちょっとした変化をよく見ているんですよ。

親の評価を気にする子は「あ、顔が怖くなった。何かまずいこと言ったかな」と神経を使います。怒らせないように、おとなが喜ぶ言動をとる子もいます。このように自分を抑え、過剰に〝イイ子〟を演じてしまう行動特性は「イイ子症候群」とよばれます。

一見「とてもイイ子」でも、自分の本心を偽ってイイ子を演じるのは、「あるがままの自分を出せない」という危険サイン。次第に自分自身の気持ちが見えなくなり、自己決定ができず、精神的な自立ができなくなってしまうんです。

私の子育て経験から

私も、長女の子育てで反省したことがあります。

娘は子どものころ、チョコレートを食べたことがなかったの。人に「食べる?」と聞かれても、「私、きらいです」なんて言う子でした。

ところが大学生のとき、長女の部屋を夜、ふとのぞくと、テレビを見ながら、大きな袋入りのチョコレートをほおばっている娘の姿が。驚いて「どうしたの？」ってたずねると、娘はぽろぽろと涙を流して「だって、チョコがきらいだって言うと、お父さんもお母さんもうれしそうな顔をしたから……」って告白したんです。

第一子だからと両親が一生懸命になりすぎたのか、娘の心を縛り、イイ子を演じさせてしまっていたことに気付かなかったんです。教育評論家という仕事をしているのに、娘がそんな思いをしていたなんて、ショックでした。

あの涙は、今でも私の脳裏に焼きついて離れません。

自己決定する

自分の気持ちを表現できるようになるために大切なのは、子どもが自分で決定する経験を積み重ねることです。

最初は、小さなことでいいんです。たとえば、雨が降りそうな朝、靴を選ぶとき。

もし「お母さんは、長靴と新品の靴、どっちがいいと思う?」と聞かれたら、「う〜ん、両方ともいいわねぇ。自分が好きなほうにしたら」と決定を子どもに任せてみてください。それで娘さんが帰ってきて「今日は、長靴にしてよかった。雨に濡れないですんだよ」と話してくれたら「よかったね」と受けとめる。反対に、「やめればよかった」と後悔した場合も、「残念だったね」と気持ちを受けとめてあげましょう。そういうやり取りを、丁寧に積み重ねてみてください。

親は「お母さんはこう思うけれど、違うことを決めてもいいんだよ。自分でよく考えて決めるといいよ。決めたことは、お母さんも応援するからね」という姿勢でいることが大切です。

自己決定は、自分に自信がもてるようになるために大切なこと。うまくいったときは自己肯定感が高まるし、失敗したときも、人のせいにしないで、自分で決めたことの結果をしっかり受けとめることができる、自己責任感の強いたくましい人間に成長していきますよ。

そうして自分に自信がもてるようになれば、ありのままの自分を親の前で出せるようになっていきます。そういう関係をつくっていけるといいですね。

「万年補欠」の息子が心配です

Q 小学5年生の息子は、地域のスポーツ少年団で低学年のころからバスケットボールを続けています。週4回の練習には、ほとんど休まず参加していますが、補欠で、たまにしか試合に出してもらえません。「まじめに練習しているのに、どうして試合に出られないんだろう」と、泣きそうな顔で試合を見ている息子が心配です。どんな声かけをすればいいでしょうか?

文句ではなく相談を

がんばっているスポーツで悲しい思いをしている息子さんを見て、なんとかしてあげたいと思われているのですね。

まずは、チームの監督やコーチに「うちの子、どうすれば試合に出られるようになりますか？　どんな練習をして、どこを改善すればいいか、アドバイスしていただけませんか」と、相談してみるのはどうでしょうか。文句を言うのではなく、あくまでも相談する。「いつもベンチで泣きそうな顔をしているので、心配なんです」と、率直に言ってみればいいのよ。

「挑戦」を応援する

そもそもスポーツは、勝ち負けだけじゃなくて、苦手を克服したり、目標を掲げて努力したりする、自分とのたたかいだと思うの。ですが、現実的にはレギュラー出場できる選手の数は限られていますし、勝ち負けや順位を競うのはスポーツの醍醐味《だいごみ》でもあります。

では、お悩みのようにうまくいかなかったらどうしたらいいでしょうか。たとえば、シュートが苦手だとしたら、そこを中心にコツをつかむまで練習して命中率を高めるとか、タイムを○秒まで縮めるとかいうように、自分の目標をもって、それに挑戦することが大切なのです。

おとなは、子どもがたとえ試合に出られなくても、少しでも前進しているところや、努力しているプロセスをしっかり認めてあげるといいですね。「ずいぶん上手になったね。5回のうち2本はシュートが入るようになったじゃない」と、できるようになったことを認めていくの。人と比べてではなく、半年前、1年前の自分と比べて、どういうふうに向上したのか、そこで勝負していけるように、親は、そんな視点で励ましてあげてほしいですね。

スポーツをやらせる意味

「試合に出る」「人に勝つ」ことに目標を絞りすぎて、他人を蹴落とそうとか、過度に競争主義的な感覚が身につくのは好ましくないと、私は思います。普段の練習も、自分が向上するためであって、試合に出られるかどうかだけが大事ではないんだよ、ということを、子どもにもうまく伝えたいですね。

小学生を対象にしたスポーツ少年団やスポーツ教室などの中には、試合に勝つことに目的を特化した「勝利至上主義」のところもあります。なぜスポーツをやらせるのか。家庭や本人の考えと、チームの方針とを、今一度、確認してみましょう。コーチに相談したときに、その対応に疑問を感じたときは、息子さんと話し合って、チームをやめるという選択肢もありますよ。

すべての子どもたちが自信をつけ、体力的にも技術的にも人間的にも成長することをめざしているのかどうか――。子どもにスポーツをやらせる意味において、大切な視点だと思います。

怒りっぽい娘に、どう接したらいい？

Q　小学1年生の娘は怒りっぽく、注意すると「うるさい！」と大声を出して話を聞こうとしません。母親の私もイライラしてしまいます。外でもすぐにキレる子にならないか、友だちに嫌われないか……と心配です。どのように接したらいいでしょうか？

問い詰めない言葉がけ

これも、多くのお母さんが悩んでいることですね。
もし、お母さんも普段から子どもを怒りがちなのだとしたら、まずは親自身の、子どもへの接し方を見直してみましょう。ポイントは、頭ごなしに注意するのではなく、「あら、どうしたの？」と、子どもが言い訳をできるような言葉がけをすることです。「どうしたの？」は「どうしてそんなことをしたの！」とは大きく違います。「どうしてそんなことしたの」と問い詰めるように聞かれれば、「うるさい」と反発したくもなりますよね。

子どもが注意されるようなことをしたときには、必ず理由や言い訳があります。それを親に言えないまま怒られると、素直に聞く気持ちになれません。でも、「お母さんはあなたの話を聞くよ」という気持ちを込めて「あら、どうしたの？」と声をかければ、子どもは言い訳をすることができます。「ちゃんとびんを持ってるつもりだったんだけど、手がすべっちゃったの」などと説明できるわけです。

つらい気持ちへの共感

次に大事なことは、子どもが言い訳をしたら、それを受けとめることです。

注意されるようなことをしてしまったとき、子どもは自分でも「しまった……」と感じています。そういうとき、おとなが「だから気をつけなさいって言ったでしょう」と、子どものつらい気持ちに追い打ちをかけるから、「うるさい！」と反発するのです。反対に、つらさから、自分の気持ちにフタをしてしまう場合もあるでしょう。

そうではなくて、「ああ、そうだったの。びっくりしたでしょう」「大丈夫だった？」と、こういう言葉をかけてほしい。責めるのではなく、子どものつらい気持ちに寄り添って、共感してほしいのです。

すると子どもも、「ああ、お母さんはわかってくれた」といううれしさや安心感から、心に元気がみなぎって、素直に反省できる。もっとこうすべきだったということも、自分でわかるんです。そうすれば、素直な気持ちで「お母さん、次からはもっと気をつけるね。ゴメンね」というような言葉も出てくるんですよ。子どもがこういう態度だと、親もうれしくて、「わかった、いいよ」と言える。このやりとりのリズムを、親子で習得してほしいと思います。

6秒間待って

とは言っても、お母さんだってイライラしてつい感情的になるときもありますよね。そういうとき、気持ちを落ち着かせるために「6秒間待つ」という方法があります。これは、怒りの感情のピークは6秒たてば静まるという脳のメカニズムを利用した方法です。怒りたくなったら、隣の部屋に行ったり、深呼吸をしたり、別のことをしたりして、6秒間待ってみる。そうして気分を切り換えられるといいですね。

一方で、子どもが怒りっぽくなっている原因に、学校生活や友だちとの関係で疲れていたり、つらさを抱えていたりするという場合もあります。「今日は学校どうだった?」と声をかけるなど、ゆっくりと子どもの話に耳を傾ける時間ももつようにしたいですね。

思春期男子。親の接し方のポイントは？

Q　中学生の息子は、母親の私が何か言うとドアをバタンと閉めて出て行ったり、「死ね、ブタ」と言ったりします。話しかけても答えないので、何にイラついているのかわかりにくいです。私も腹が立ってしまいますし、どう接したらいいのか悩みます。

「親離れ」のサイン

息子に「死ね、ブタ」なんて言われたら、腹が立ったり悲しくなったりするのは当然ですよ。

思春期の男の子は独特のイライラを抱え、攻撃性が強くなります。私が「魔法の言葉」と言っている「どうしたの？」の問いかけもなかなか通用しない。でも、これは発達上、自然なことなのです。

思春期になると第二次性徴といって、性に目覚め、男の子は声変わりや精通などの身体的変化が急激に起こります。そしてエネルギーのはけ口が見つからないいら立ちや、性的なことが頭から離れない自分への自己嫌悪なども生じます。自分でも理由がわからずイライラするのです。

また、それまで甘えていた母親を異性として見始め、距離を置き始めます。あれこれ構われると「ウザい」と感じるようになる。小学生くらいまでは、お母さんには、子どもに親身になって何でもわかろうとする姿勢が求められました。でも、思春期を迎えたら、お母さんは、何でも息子の気持ちをわかろうとするのではなく、寂しいかもしれないけど、「私から離れ始めたんだな」と思って、親離れを応援してあげてくださいね。

自分に「失望」も

同時に、母親のことを尊重したい気持ちも出てきます。「死ね、ブタ」と言われる方も傷つきますが、それ以上に本人もそんなことを言った自分に失望し、傷ついているんです。そこを理解することが大事ですよ。

「死ね」などと言われたら、「それは悲しい、やめてほしい」ということは、しっかり伝えてくださいね。なんでも許容していては、子どものためになりません。

お母さん一人で対応するというより、何か発散できる場があるといいわね。このように、思春期のモヤモヤした感情や衝動をスポーツや芸術などで発散することを、心理学の言葉で昇華《しょうか》といいます。一人で運動で汗を流すのも悪くはないけど、仲間と一緒に部活などをするのがおすすめ。友だちと「昨日、おふくろに死ねとか言っちゃったよ」「俺なんか何回も言ってるよ」なんて共感しあえると気持ちが安定しますよ。

男性の役割

もう一つ大きいのが、父親やおじさんなど信頼できるおとなの男性の役割です。無理に子どもと会話をしようとするのではなく、聞き役に徹する方がいいですね。本人が「最近、〇〇でさぁ」なんて話してきたら、「そうか」とよく聴く。そして「父さんも、おまえくらいの年のときはそうだったよ」と、自分の体験や悩みをさりげなく話してもらえるといいですね。父親やおじさんも「同じだったんだ」と知り、子どもは安心する。その安心がパワーになるのです。

強烈に反抗しながらも、ときには母親のベッドの中にもぐりこんできて「一緒に寝よう」なんて甘えてくることもあります。これも自立の過程においてはごく自然な行動です。

思春期の男の子は、とてもプライドが高いので、「なに、中学生にもなって」とからかったり、突っぱねたりしたら大変傷つきます。さりげなく受け入れてあげてね。

小4娘の異性交際、大丈夫でしょうか？

Q　小学4年生の娘はませたところがあり、同じクラスに「彼氏」がいます。バレンタインのチョコレートやお土産を渡す程度なので放っておこうと思うのですが、娘が見ている少女雑誌にはキスなどの話題も出てきて、このままでいいのか？　とも悩んでいます。

SNSには注意

「彼氏がいる」という小学生は、今、少なくないんですよ。通信教育などをおこなっているベネッセの調査（2016年）では、小学6年生の保護者の10％超が、わが子に「男女交際の経験がある」と答えています。

以前、私がＭＣを務めた番組でも取り上げたことがあります。女子小学生向けファッション雑誌が読者３００人に行ったアンケートによると、小学校高学年の４人に１人がつきあっているという回答を得たことも紹介されました。実際に今どきの小学生の恋愛事情を取材してみると、「彼氏」「つきあう」など親はちょっとドキッとしちゃうかもしれないけど、「デート」と言っても２人でしゃべっているだけ……と、つき合い方はその程度の場合も多いんです。

だから同級生を「彼氏」なんて言っているからといってむやみに心配することはありません。逆に、禁止したりする方が、性的な自立を考えると将来的に心配です。

ただ、今は小学生でもラインなどＳＮＳを使っている場合も多いので、その点は目を配る必要があります。とくに相手が中学生や高校生だという場合は別問題よ。ＳＮＳが出会いの場となることもあります。犯罪や危険なことに巻き込まれないよう、注意が不可欠です。

雑誌は性教育の素材に

最近の女子小学生向けの雑誌やネット情報は、私も見たことがありますが、お母さんが心配するのも無理はない内容のものもありますね。

お子さんが読んでいる雑誌を「ちょっと、お母さんにも見せて」と借りて、ぜひ、子どもとの会話のきっかけにしてほしいと思います。読者の体験談なども載っているので、「こういうのって、どう思う?」と、子どもの考えを聞いてみる。過激な体験が載っていたら「お母さん、こういうのは心配だな」と親の意見を伝えてください。「こんな雑誌、見ちゃダメ」と禁止するのではなくて、性教育の素材として、うまく活用するのがいいんじゃないかしら。

先生と情報交換して

保護者会のときなどに、担任の先生に「最近、うちの子は学校でどうですか」と、それとなく聞いてみるのもいいと思います。「お友だちとは、うまくいっているでしょうか。娘は男の子とも平気で言い合うところがありますが、男の子との関係は大丈夫でしょうか」とか、「〇〇君とつきあっているようなのですが、このごろ心配で……」と率直にたずねてみてもいいと思います。

先生に「心配ないですよ」と言われたら、それでいい。もし先生が何か心配な点を話してきたら、詳しく話を聞いてみてください。

保護者からの相談は、先生にとっても大切な情報で、ありがたいものです。子どもを理解して、どう成長させるか、学級を運営する上でのヒントにもなります。心配なときは遠慮しないで、ぜひ先生に声をかけて情報を共有してくださいね。

家でいつものんびりしている中2の娘。このままでいい？

Q 中学2年生の娘は、休日は外出せず、家でテレビを見たりゲームをしたりして過ごします。夏休みもそんな感じです。「一緒に出かけようか」「ちょっと勉強すれば？」と声をかけると、「無理」「やってるし」という返事。こんな様子で大丈夫でしょうか？

多忙な中学生

実に一般的で健康的な中学生じゃない。安心して大丈夫です。学校での勉強や受験に向けた競争、部活動、人間関係などで、くたくたに疲れているんだもの。休みの日は、家でのんびりしたいと思って当然ですよ。

私は40年以上教育に携わっていますが、「勉強すれば？」と親に言われて、「はい」と素直に勉強する中学生なんて見たことがありませんよ。勉強しないといけないというのは、子ども自身がよくわかっていること。でも、それがなかなかできないんです。それを先に親に言われたら、反発したい気持ちになって、「うるさい」「無理」という返事をしてしまうのは当たり前なの。

計画力を育てる

夏休みのような長期休暇を過ごすうえで私がぜひしてほしいと思うのは、どういう生活を送るかという目標や計画を、子どもが自分で立てることです。

たとえば宿題なら、まずはどんな宿題が出たか一覧表を作る。そして、何をいつまでに仕上げるか、そのために1日にどれくらい進めるか、という戦略を立てるの。そういう段取り能力や、計画を立てる力をつけるのに、夏休みはいい機会なのです。

中学生の宿題が多すぎるのは、あまり好ましくないと私は思います。それでも、自分の力で全部仕上げて提出するのは、やりがいや達成感も感じることができ、意義がありますす。本当は夏休みの初めに計画を立ててあるといいのですが、もし計画も立てておらず、だいぶ夏休みが過ぎてしまって、宿題もたっぷり残っているようなら、思いついた今からでも計画を立てることをおすすめします。親は「夏休みの計画は作ったの？」「どれくらい宿題があって、どんな計画で進めているの？」と声をかけて、その手助けをしてあげてほしいですね。

「宿題が多すぎて、やる気がしない」と子どもが不満を言ったら、それに共感することも忘れないでね。「大変だね。お母さんも中学生のころ、嫌だったよ」というふうに子どもの気持ちに寄り添ってみる。そう言われると、子どもも安心して元気が出ます。そして、そのうち自分から勉強するようにもなりますよ。

子どもの「変化」に注意して

今まではそうでもなかったのに、最近はなんかだるそうだな、無気力になっちゃったな……といった子どもの変化を感じる場合もあるでしょう。そういうときは、学校でいじめられていたり、つらい思いをしているかもしれないということを警戒してほしいですね。

夏休みが終わりに近づいてくると、学校で嫌なことがある子は、いよいよ学校が始まってしまうな、といっそう不安が増します。それで、やる気が出ない、イライラして怒りっぽい……というように、心理状態が不安定になるんです。

そういう不安がありそうな場合は、「困っていることや心配なことがあったら話してね」「恥ずかしいとか、自分にも悪いところがあるからとか思わずに、何でも相談して。お母さんは、いつでもあなたの味方だよ」ということを、お子さんにしっかり伝えてください。決して追い詰めず、子どもの話をじっくり聞いて、寄り添ってあげてほしいと思います。

「どうせ僕なんか」が口ぐせの息子

Q　小学4年生の息子は「どうせ僕なんか……」が口ぐせです。一緒に逆上がりの練習をしていますが、何度やってもうまくいかず「どうせ、できないもん」と言って、がんばろうとしません。もっと自分に自信をもってほしいのですが……。

「当たり前」を認める

最近、こういう相談がとても多いんですよ。

子どもに自信をつけるために、私がおすすめしているのは、できて当たり前だと思うことでも、「よくやったね」とがんばりを認めることです。「一人で起きられたね」「もう顔を洗って、自分で着替えもしたんだね。すごいね」と声に出して認めるの。

がんばったけれども、うまくいかなかったら、「大変だったね。でも、よくがんばったね」と、できなかったつらさに共感しつつ、認める。小さなことでも、達成感を得る体験を積み重ねることが大事なんですよ。

「できないもん」と言って、お母さんに甘えたい、励ましてほしいと思っている場合もあります。そういうときは言葉通りに受けとらず、「大丈夫だよ。もう1回やってみようよ」と背中を押してあげてください。がんばりすぎて疲れてしまっているようなら、元気がわいてくるまでは少し休ませるとか、気分転換をはかってもいいかもしれませんね。

しなやかな心

今の時代には、「レジリエンス」が求められるといわれます。「レジリエンス」とは、困難な状況にぶつかったとき「どうせダメだ」とあきらめるのではなく、簡単に折れない心、しなやかな強さのことです。

レジリエンスの要素は、主なものとして①忍耐力②根気③おおらかさ④ユーモア⑤熱意⑥柔軟性など。誰でもこれらの中のどれか一つはもっているといわれます。

だれだって、がんばって練習しているのに逆上がりができなかったら、嫌になっちゃうものですよ。そういうときに、「でも、あなたは粘り強いところがあるじゃない」と、その子の良いところを引き出してあげましょう。「今年の夏は、25メートル泳ぐなんて絶対無理だって言ってたけど、最後は泳げるようになったでしょ。あなたは粘り強いから、何回失敗したって、続ける力をもってると思うよ」というようにね。

過去の成功体験を思い出させて、折れない心をキュッと引き出す。できたときには一緒に喜び、たっぷりほめてがんばりを認める。そういうことを重ねていけば、自信はついていきます。

失敗しても大丈夫

「どうせ、やってもできないから、やりたくない」と、最初から失敗をおそれて挑戦しない子もいます。子どもたちは日頃から学校で、テストの点数や結果で評価され、競わされています。「結果がすべて」という価値観がすり込まれてしまっているのが大きな原因だと思います。

練習をしなくても速く走れる子がいれば、一生懸命練習しても速くならない子もいます。それでも、努力の過程ではなく、結果で比べられてしまう。そういうつらさに、ぜひ共感してほしい。すると、子どもの気持ちは、ぐっと楽になるの。

そして、「失敗してもいいんだよ」「勝てなくても大丈夫」「間違うことは悪いことじゃないんだよ」と繰り返し伝えてください。そして、まずは親自身が、失敗しても「まあ、いいか」と思える生き方をする。親の姿勢は、子どもにも伝わるものですよ。

不登校、本人まかせで大丈夫ですか？

Q　中学1年生の息子が1学期の途中から登校を渋り始めました。クラスで言葉などによるいじめを受けたようで、担任の先生と息子、相手の生徒さんたちで話し合いをしましたが、わだかまりが残ったようです。今は学校に行かず、家で過ごしています。親からは無理に登校をすすめないようにしていますが、このまま本人まかせで成り行きをみていていいものか心配です。

無理に登校させない

それは心配ですね。学校に行きたがらない子を無理に登校させようとしないのは大切なことですよ。これからも焦らず、ゆっくりと、今は息子さんが心と体を休める時期だと思って温かく見守り、家庭を安心できる居場所にしてくださいね。

同時に、いじめは子どもの命にもかかわる大問題です。「いじめは絶対に許されない」という立場で、親が解決のために立ち上がることも必要です。「どんなときも親は自分を守ってくれる。本気で僕のために動いてくれる。僕の味方なんだ」ということが伝われば、子どもはパワーが出るものです。

親が声上げて

いじめの被害者と加害者を同じ席で話し合わせるというのは、やってはいけない対応なの。被害を受けた子は余計につらくなったり、納得できない思いが募ったりするだけです。また、加害側の子にとっても、何が悪かったのかをきちんと理解できないままに謝らされることは、本当の意味での解決や学びを得る機会を遠ざけてしまうのです。その後、いじめがさらに深刻化するのもよくあること。そういう状況になっていたとしたら、学校に行けなくなって当然です。

まずは息子さんに「1学期にいじめがあったとき、相手の子と直接話をさせられたんじゃない？」と確認してみましょう。そして、「嫌な思いをしたかな。今まで気がつかなくてゴメンね。でも、あなたは何も悪くないよ」と話すところから始めたらどうでしょうか。

次に、学校側と話をしたり対応を求める際には、「いじめ」という言葉を使わないようにすることもポイントです。あくまでもどういう行為をされて、という事実をベースにして伝えていくところからスタートしましょう。

それから、親も「いじめ防止対策推進法」をよく読んでほしい。そこには、担任まかせにせず、いじめ対策委員会を設置して学校全体が責任をもって対応するなど、学校がやるべきことが定められています。それをふまえて、学校に「加害側の生徒と直接話し合わせて終わりというのは、どうだったのでしょうか。学校のいじめ対策委員会は動いてくれたんですか」と訴えることができます。

場合によっては、自治体が第三者委員会を立ち上げて調査する必要がある、重大事案に該当する可能性もあります。弁護士などにも相談して、教育委員会に訴えることもできます。

親も頼っていい

加害側生徒たちへの指導も学校に求めましょう。息子さんを不登校に追い込んでいることの重大さ、自分たちがしたことの意味を伝えきることは、加害側生徒たちの成長のためにも必要な教育です。

同時に、2年生になるときのクラス替えで、必ず加害側生徒たちと別のクラスにしてほしいということも、今から学校にお願いしたほうがいいですね。

親の役割は子どもをしっかり支えて守ることですが、親自身もつらいことですから、だれかに支えてもらう必要があります。信頼できる人や専門家、地域の親の会など、周りに相談できる人を見つけてくださいね。

夫婦協働のコツは？

Q　10年前から夫の母親と同居しています。子どもは3人（3歳、5歳、小学5年生）います。共働きですが、夫が家事や育児に協力的ではなく、私がお願いしても義母が代わりにやってしまいます。もっと夫婦で話し合って協力したいのですが、どうすればいいでしょうか？

思春期の父親の役割

「自分がやらなくても母親がやってくれる」。夫さんは、そんなふうに甘えている印象ですね。

おしゅうとめさんが、家事や育児に力を貸してくれるのは心強いものです。でも、子どもたちの成長のためには、父親も家のことに関わり、家族が協力して生活する体験が大切なのだということを、理解してもらう必要があります。母親一人に家事や子育てが集中してしまう、いわゆる「ワンオペ育児」も考えものですね。

５年生くらいになると、そろそろ思春期に入っていく時期です。この時期をうまく乗り切るには、お父さんの存在は重要なんですよ。

思春期というのは、自立に向け「自分はどうしたらいいのか」「どこまでなら許されるのか」を、親への反抗という形で手探りしている状態です。だから親は、あるときは反抗やイライラを受けとめるクッションとなり、あるときは「それはダメ」と立ちはだかる壁になることが必要なの。そういう親の対応が、子どもの自己形成に欠かせないのです。

「それはおかしいと思うよ」「そんなことは許さないよ」と、きっぱり伝え、子どもの成長をうながすための「当たっても砕けない強固な壁」になる役割を、ぜひお父さんにも果たしてほしいですね。

でも、それまでずっと子育てに関わってこなかった父親が、急にそうした役割を担うのは難しいでしょう。本来は、幼いころから父子がしっかり関わって、信頼関係をつくっておくことが不可欠なの。

そういう話を、ぜひ、夫さんとしてみてはどうでしょうか。そして、お子さんと一緒に家事をするよう頼むことから始めてはどうでしょう。平日は帰りが遅くて難しいなら、まずは休日に「リビングを掃除するから手伝ってもらえるかな?」「ママは食器を洗うから、○○ちゃんとパパは食器を拭いて片付けてくれる?」と、具体的に声をかけるの。ただ単に「あなたも、家事や子育てに協力してよ」と言うよりも、スタートしやすいんじゃないかしら。そして、やってくれたら「ありがとう」「とても助かったよ」と必ず労《ねぎら》ってくださいね。

子の自立心が育つ

親子で協働して家事をすることは、子どもの成長にとっても大事なことです。家族の一員として役割を果たす喜びを味わうことができ、生活力や「自立」の力を育てることができます。

おしゅうとめさんにも、「いつもありがとうございます」とお礼を言いつつ、「父親も子育てや家事をすることが大切だと、尾木ママも言っているので、何でもおかあさんにやってもらうのではなく、もっと夫に関わってもらおうと思います」と、この本を見せながら伝えてみたらいいんじゃない。おばあちゃんだって、孫がかわいいんだから、孫のためだと言われたら協力してくれると思いますよ。

2　尾木ママの子育てテーマトーク

「叱らない」しつけ

入学や進級で新しい生活が始まる4月。心配や期待から、親はつい口うるさくなりがちです。でもこの時期、子どもたちは不安でいっぱい。新しいクラスの人間関係などで気疲れもしています。家ではリラックスして、愚痴《ぐち》もこぼせるような雰囲気づくりを大事にしてくださいね。

叱るのは逆効果

「しつけのためには叱ることが必要」と思っている人は多いでしょう。でも私は、叱る必要なんてないと思っています。

子どもは厳しく叱られるとシュンとして、「ごめんなさい」と反省した様子を見せる。それを見て「わかればいいのよ」と満足していませんか。でもそれは、恐怖心を与えて表面的に言うことを聞かせているだけ、という場合が多いの。

やってはいけないことを教えるのは、必要なことです。大切なのは、本当に教えたいことが子どもに伝わっているかどうか。「親が怒るから、とりあえず謝っておこう」というのでは、心に届いていません。

脳科学の研究では「叱ると脳が萎縮するけれど、笑顔で教えると脳がリラックスして記憶がインプットされやすい」ことがわかっています。怖い顔で叱るより、笑顔で「どうしてダメなのか」を話したほうが、子どもの学習効果は高いということです。

「言い訳」を聞いてあげて

もう一つ大切なことは、子どもの言い訳を受けとめることです。

子どもが「だって……」と言い訳しようとすると、「言い訳するんじゃない！」と遮《さえぎ》っていませんか。そこをグッとこらえて「どうしたの？」と聞いてみるの。すると

「妹がコップを倒しそうになってたから、危ないと思ってつい手をたたいちゃったんだ」とか、その子なりの理由がある。子どもが言い訳をしたくなるような気持ちを理解して、「そうだったの、それは嫌だったね」と言葉を返せるといいですね。

そうやって自分の気持ちを受けとめてもらえたと感じると、子どもの心は楽になって、パワーが湧いてきます。そして、自分で「でも、こうすれば良かった」と自分の言動を反省したり、それを口にしたりするものですよ。

親に愛され、見守られ、つらさにも共感されていると思えるとき、子どもは絶対的な安心感をもちます。その中でこそ、新しいことに挑戦する勇気や、やる気が湧いてくるものです。

「叱らず、子どもの言い訳を聞いてあげる」――。初めはうまくいかないかもしれません。何度も繰り返して、このコツと心地よさを、ぜひつかんでほしいと思います。

約束を守れなかったときは

　では、決めていた約束を守れなかったときは、どうしたらいいでしょうか。この場合も、頭ごなしに叱らず、まずは子どもの言い分を聞きましょう。「忘れてた」「約束の時間までに帰ろうと思ったけど、遊びから抜けられなくて……」と言われたら、どうしたら次から約束が守れるか、子どもと一緒に考えられるといいですね。

　約束の内容そのものに子どもが納得していないなら、親子でよく話し合い、約束そのものを見直すことも考えましょう。

ママのイライラ

怒っちゃったら後で「ごめんね」

何度注意しても子どもが言うことを聞かない、家事でバタバタしているのに駄々《だだ》をこねる……。そんなときイライラして「もう、ダメでしょ!」「なんで、そんなことするの!」と大きな声で怒ってしまう、というママの悩み、多いですね。

理想を言えば、もちろんそうならないほうがいいんです。でも、ママだって人間だもの。疲れていたり余裕がなかったりするときに、感情的になってしまうのは仕方がないことですよ。

大切なのは、後できちんと子どもに謝ることです。「イライラして、ついカッとなっちゃってごめんね」と声に出して率直に伝えましょう。よく「子どもが寝てから、寝顔に謝った」と言う人がいますが、それでは何も伝わらないですよ。その場ですぐに謝れなくても、寝る前などに「さっきは大きな声で怒ってごめんね」と言うのでもいいの。

そんな親の姿に接することで、子ども自身も「ごめんなさい」と素直に謝れる人になっていくものですよ。

ガス抜きを上手に

なるべく怒らなくてもすむように、感情をコントロールする方法を身につけるのも大切です。たとえば気持ちを落ち着かせるために「6秒間待つ」という方法があります。怒りたくなったら、その場から離れたり、別のことをしたりして6秒間待ってみる。そんなふうに、自分なりの方法を見つけておきましょう。

夫が子育てになかなか参加できず、家事も育児も一人で大変。仕事でうまくいかないことがあった。寝不足が続いて体がきつい……。そういう状態でストレス耐性が下がっていると、子どものちょっとした言動がきっかけとなって、つい声を荒らげてしまうこともあります。

自分のイライラの原因に目を向け、「子どもが悪いんじゃない。疲れているだけ」と心の中で唱えたり、声に出して言ったりするのも効果的かもしれません。

一人で抱え込まず、ママ友や職場の同僚・先輩など、子育ての悩みを相談し、話を聞いてもらえる人をもつことも大切です。「私も、そういうことあるよ」と共感してもらえると、ふっと気持ちが軽くなるもの。工夫して、うまくガス抜きできるといいですね。

愚痴を言い合える夫婦の関係を

パパには、ママが笑顔で過ごせるようサポートしてもらいたいですね。それぞれの家庭の事情にもよりますが、本来、家事や育児は夫婦二人でおこなうもの。休日にはママが一人になって気分転換できる時間をつくってあげてくださいね。

ほかにも、夫婦でお互いに感謝の気持ちを伝え、愚痴の言い合いができる関係でいることも、とても大事だと思います。

計画性の高いまじめなママほど、スムーズにいかないときや、思うようにわが子ができなかったとき、イライラして怒りがちです。でも、親がドンと構えて笑顔でいたほうが、子どもも親の顔色を気にせず、いろんなことに挑戦できるようになります。「ま、いっか」と、おおらかな気持ちでいられると、ママ自身もぐっと楽になれますよ。

スマホ漬けへの対応

ルールは子どもとつくる

スマホやネット、ＳＮＳには思春期の子どもを夢中にさせる魅力がいっぱい。スマホ自体は情報収集やコミュニケーションの便利なツールで、悪いものではないけれど、使い方によっては、子どもの健全な成長を阻害する恐れがあります。

子どもにスマホを持たせるなら、ルールは絶対に必要です。好き放題使わせているようでは、親としての責任を放棄しているのと同じですよ。

とは言え、親が一方的にルールを決めるのはＮＧ。子どもの意見を聞き、よく話し合って納得して決めることが大切です。尾木ママ流「スマホルール７カ条」（本書１

１３ページ）も参考にしてくださいね。

ゲームやＳＮＳなどは中毒性も高く、「１日○時間だけ」と使用時間を決めても、なし崩しにルールを破ったり、一日中そのことばかり考えてしまうケースも。「平日はダメだけど、土日だけは合計３時間までならいいよ」など、週末にまとめて時間をとるのも手です。

また、友だちへの依存が強まる思春期には、ラインなどのＳＮＳで深夜まで際限なくやりとりが続いてしまうこともあります。そういったものをよく使いたがる子には、「夜９時まで」など時刻を区切ったほうがいいでしょう。

決めたルールを子どもが守らないときは、その都度《つど》、親子でルールを見直し、修正しましょう。たとえば、「スマホを自分の部屋にもっていくと、夜中まで使ってしまうから、リビングでやるようにしよう」と親が提案する。それに対して子どもの意見があれば聞く。粘り強く話し合って、合意していきましょう。

研究によると、ネットへの依存度が高くなると、感情のコントロールがうまくできなくなる、怒りっぽくなるなどの症状が出てくることがわかっています。暗い部屋で小さな画面を見続けることで、睡眠障害や視力低下の危険もあります。

こうした科学的な論拠も示して、ルールを守ることが子ども自身の利益になることを、子どもが納得できるように説明することも大切です。

別の楽しみを見つける

ただ制限だけしても、ほかにやることや楽しみがなければ、子どもの意識は結局スマホに向いてしまいます。親は、子どもがスマホ以外に夢中になれるものを見つける手助けができるといいですね。

すでに依存が心配なら、依存の度合いをチェックすることを強くおすすめします。インターネットで検索すれば、チェックシートなども簡単に利用できますから、親子で試してみて。結果によっては、専門機関を受診するなど、適切な対策をとってください。

一方で、親自身もスマホやSNSの利用状況をふり返ってみましょう。親子でスマホと上手くつき合っていきたいですね。

尾木ママ流「スマホルール7カ条」

①スマホは親が購入・契約し、子どもに貸しているものということを忘れない
②スマホの使用は○時まで、または、充電は週に○回まで（時間・回数は親子で話し合って決める）
③スマホは、親の目の届くところで使う（自分の部屋に持ち込まない）
④食事中の使用は絶対禁止
⑤スマホをいじらないときに、家族で楽しく過ごせることを考えよう
⑥スマホによるトラブルが生じたら、すぐに親に相談する
⑦守れなかったら○○する（ペナルティーを設定）

思春期男子の性教育

「息子がインターネットでアダルト動画を見ていたのがわかって、ショックだった」。そんな話を、お母さんたちからよく聞きます。性の問題を子どもにどう伝えていくのか、難しいですね。

今は簡単に、ネットでさまざまな情報にアクセスできます。正しい性教育を受けないまま、ゆがんだ情報や過激なアダルト画像・動画に触れていると、誤った異性観や人間観を植え付けられてしまいかねません。

大多数がスマホを持ち、盗撮などの犯罪に巻き込まれる危険に常にさらされている時代です。大学生などによる女性への暴行や、セクハラなどの事件も後を絶たない。深刻な問題だと思います。

子どものころから自分の体について知り、異性についても知る。相手を尊重することや、人を愛することの大切さ、ひいては男女平等の意識や多様な性といった視点まで含めて、家庭でも話ができるといいですね。

「俺のときには……」とさりげなく

思春期は、体が急激におとなへと変わっていく時期です。子どもも自分の変化にとまどっています。男の子がアダルト動画などに興味をもつのは当たり前のことで、責める必要はないですよ。

男の子の性の悩みに関してお母さんができることは、プライドを傷つけないようにそっと見守り、何か見つけても直接とがめたり話題にしたりしないこと。息子も、母親には言われたくないものです。ここは、お父さんに任せましょう。母子家庭なら、おじさんや年上のいとこなど、子どもが信頼できる男性から話すのがいいですね。

たとえば「お父さんも、おまえぐらいのときには、ずいぶん悩んだよ」と、自分が体験した性の悩みや発達の不安などを、さりげなく語って聞かせる。そういう話を聞くと、子どもは「ああ、お父さんもそうだったのか」とホッとするものですよ。

話すタイミングとしては、子どもの誕生日や学年が変わるときなどが、良いきっかけになるでしょうか。おとなが恥ずかしがらずに話せるかどうかがポイント。一緒に出かけたときや、くつろいだりしながら話すのもいいですね。

ネットの動画についてはさりげなく「お父さんの時代には、ネットなんてなかったけど、今はみんな、そういうのに興味あるのか？」と、間接的に聞いてみるのがいいですね。ダイレクトに「お母さんが見つけたって言ってるぞ」なんて指摘するのはダメですよ。そのうえで、「女性はこんなふうに描かれるのは嫌だと思うけど」などと正すことも必要ですね。

両親が一番身近なモデル

異性を大事にする意識を育てていくうえでは、家庭の中での夫婦関係も重要です。

子どもにとっては、両親が一番身近なモデル。「うちの親はたまにケンカもするけど、本当は仲良しだな。お互いを大切に思い合ってるんだな」と、子どもが心の底から実感できるような姿を、日頃から見せることが大事です。

特に男の子の場合、父親自身の女性観、日常性が問い直されると思います。妻・女性を尊重し、大事にする。そういう姿勢を、親子で一緒に学びたいですね。

おしゃれ

おしゃれは成長の証し

小学校高学年から中学生くらいになると、子どもたちは自分の容姿やファッションに気を使うようになります。今まで、髪に寝ぐせがついていても気にせず出かけていた子が、髪をブローするのに30分も時間をかけるようになったりする。それは他者の視線を意識し始めるからで、発達上も必要な成長の証しなんですよ。

思春期になり、体毛が生えるなど身体の性的な変化が起きることで、自分の体に注目せざるをえなくなります。すると体だけではなく、自分の心も見つめるようになるのです。そうした子どもの変化を親は歓迎して、受け止める姿勢が大切です。ぜひ、

「おしゃれしたい」という気持ちを温かく見守ってあげてください。

一方的に禁止するのはNG

心配なのは、高い服を何着も欲しがったり、派手な服を着たがったりすること。特に女の子の露出の多いファッションは、犯罪から身を守るためにも、避けたほうがいいですね。「おしゃれもいいけど、あなたのことが心配だから」と親の思いを伝えてみましょう。「かわいい」「みんなもやっているから」と手放しで流行を受け入れるのではなく、自分の身体や性を大切にすることについて、親子で考えてほしいと思います。

ただ一方的に禁止しても、子どもは反発するでしょう。たとえば親が、自分が中学生時代におしゃれに気を使っていた話をする。憧れの先生がいて、その先生の授業の前はトイレの鏡の前で身だしなみをチェックしたとかね。「お母さんも同じように悩んだ時期があるんだ」と親しみを覚え、親の話を聞く心境になりますから。

そのうえで「でも、中学生がこういう格好をするのは、どうかなぁ」と親の思いを率直に伝えたらどうでしょうか。だれかのまねをするだけではなく、自分らしく輝くにはどうすればいいか、一緒に考えるという視点が大事ですよ。

子どもの思いをじっくり聞く

女の子の場合、友だちから「みんなで、おそろいにしよう」と言われ、同じブランドの洋服を着たり、同じアクセサリーをつけたりすることもありますね。そうやって友だち同士のつながりを確かめようとすること自体は、悪いことではないの。

だけど、友だちとの同調圧力（ピアプレッシャー）のなかで、高額な物や、本当は欲しくない物まで無理して買おうとすることがあるかもしれません。そんなときも、頭ごなしに「何やってるのよ。そんなもの必要ないよ」なんて言わないで、まずは子どもの思いを、じっくり聞くことが大切です。

子どもの気持ちに寄り添い、どうすればいいか一緒に考える。予算を決めるなど家庭のルールを作り、「うちは親がダメっていうから、それは買えない」と、親が悪役となり、壁になることも一つの方法ですね。

自信を育てる

子どもが自信をもつために大切なのは、「自分のことが好き」「ありのままの自分でいいんだ」と思える力＝自己肯定感を育むこと。そのためには、自分が周りから受け入れられている、認められていると感じられることが必要です。

おとなは、子どものちょっとした変化や努力を見逃さず、認めて、声をかけることを心がけたいですね。

過程をほめる

ほめられるのは、いくつになってもうれしいこと。思春期で反抗期まっさかりであっても、ほめられてうれしくない子はいません。

自分が頑張ったことを認めてもらえると心が元気になって、新しいことに挑戦する意欲も生まれます。挑戦して成功したら、それが自信につながって、次の課題に立ち向かっていく。たとえ失敗しても、自己肯定感があれば、子どもはしっかり結果を受けとめ、再挑戦する強さが養われます。そんな好循環が生まれるんです。

とは言え、何でもかんでもほめればいいというものではありません。ほめ方がポイントですよ。

たとえば子どもがテストで１００点をとったとき。「１００点なんて、すごいね」と結果だけに注目するのではなくて、「わぁ、がんばったんだね」と、努力した過程をしっかりほめてほしいのです。

また、他人と比べるのではなく、その子なりの成長を認めることが大切です。たとえテストの点数があまり良くなくても、前回よりたくさん勉強したのなら「今回は勉強、がんばっていたね」「ここはできるようになったんだね。成長したね」と声をかければいいんです。

その子なりの成長に目を向けて

「どうせぼくなんか……」と言う子や、失敗をおそれて挑戦しない子は、これまで、できていないところばかりを指摘されて、できていることを認められた経験が少ないのではないでしょうか。

成績が悪いと「勉強しないからだ」と言われる。本人はがんばったと思っていても「5問も間違えちゃったの？」「答えはあってるけど、もっと字を丁寧に書かないと」とかね。

親は子どもに、もっとできるようになってほしい、成長してほしいと願って指摘するんですよね。それは親の愛情だと思うの。でも子どもにとっては、つらいことだし、子どもの成長にも逆効果なんです。

「うちの子、ほめるところがなくて……」という人もいますが、そんなことはないはず。その子をしっかり見つめ、子どもの気持ちに寄り添って話をよく聴けば、きっとその子なりの成長が見えてきます。そうしたら共感をこめて「がんばったね」と認める。心からほめられれば、子どももその気持ちを実感できます。

学校や社会では、結果や点数だけで評価されがちだけど、まず親が子どもを認めて、ほめ上手になりたいですね。

新しいクラス

思春期の子どもたちにとって、友だちの存在は「命」とも言えるほど大切なもの。仲が良い友だちと同じクラスになれたか、新しいクラスで気が合う子を見つけられるかは、子どもにとっては大きな問題なのです。

「共感」からスタート

思春期は「親からの自立を目指す時期」です。親離れをしたいけれど、不安もある。先が見えない真っ暗闇のトンネルの中にいて、どっちが入り口でどっちが出口かもわからない――。そういう心理状況の中、精神的自立のための大きな足場となってくれるのが友だちなのです。

とりわけ中学生くらいの子どもたちは、グループで固まって、同調圧力（ピアプレッシャー）がかかり、依存関係になる。一人で行動するのを嫌がり、自分がクラスでどう見られているかを気にして、友だちの社会を大事にします。友だちとの世界があるからこそ、安心して親離れや自立ができるんです。

今は中学生の半数以上がスマホを持ち、教室の中だけではなく、ラインのグループなど目に見えないところで繋がりあっている状況もあります。その輪に入れない疎外《そがい》感《かん》は、おとなが思う以上に大きいんですよ。

保護者のみなさんには、思春期の子どもたちのこうした発達段階と気持ちを、よく知っておいてほしいと思います。

この時期はぜひ、「新しいクラスは、どう？」「今日は、どんなことをしたの？」と、家庭で学校のことをいろいろと話題にしたいですね。言葉の端々や表情から、子どもの気持ちをよく観察してみましょう。

もし、子どもから「前のクラスの方がよかった」「楽しくない」などと打ち明けられたら、まずは「それはつらいね」と、しっかり共感するところからスタートしてください。

上手にアドバイスしなくていい

そのうえで、「ほかにも、同じように思っている子がいるかもしれないよ」「お母さんもそうだったよ。中学生のころはほかの子に話しかけられなくて、休み時間は一人でよく本を読んでいたよ」「クラスの中をよく見れば、しばらくしたら気が合いそうな子が見つかるかもしれないよ」など、自分の体験を交えて、話ができるといいですね。

子どもが悩みを話してきたら、共感を込めて、聴き役になる。上手にアドバイスできなくてもいいの。ましてや「○○ちゃんはどう？　仲良くなれそうじゃない」なんて言うのは、過干渉だからやめたほうがいいですね。

人間関係が原因で「学校に行きたくない」という場合もあるでしょう。行きたくない理由が深刻なものでなければ、親が励まして登校させることも大切です。ただ、あまりにも様子がつらそうで心配なときは、無理に登校させないで、学校以外の居場所を確保することなども、親の役割として必要だと思います。

思春期

反抗したり甘えたりが思春期

親に激しく反抗するときもあれば、甘えて依存するときもある。これは思春期の子どもたちの自然な姿です。親から精神的に自立しようともがいているときの二面性で、どっちも本当の姿なんです。

この時期の子どもたちは、親や学校の先生がめざわりで、そこから自立しようと強く反発します。でも、ときどきふっと不安になって、お母さんに甘えて依存し、安心したくなるのです。

大きな体の子が甘えてくると、気恥ずかしくて「なによ」と思うかもしれませんね。

でも、そんなことは言わないで「よしよし」と受けとめてあげて。そうしたら子どもは安心して元気になり、そのうちに自然と離れていくものですよ。

親は「壁」になる

子どもにとって大切なのは、「いくら反抗しても、親は自分のことを見捨てない」という安心感です。同時に、親が子どもの成長をうながす「壁」になることが不可欠なの。「反抗期だから、そっとしておいて嵐が過ぎ去るのを待つ」とか、やたら物わかり良く、子どもの意見を受け入れてばかりという対応の仕方では、自立を遅らせることになります。

子どもたちは「自分はどうしたらいいのか」「どこまでなら許されるのか」ということを、おとなに反抗しながら探っている状態です。そのときに親が、自分の価値観や物の見方を、子どもにポンとぶつけることが大切なんですよ。

たとえば学校の校則。「靴が白じゃなきゃだめだなんて、おかしい。私は黒い靴をはいていく」と子どもが言った場合。そのとき、親が何も言わずに見過ごしたり、「まあ、いいんじゃない」と容認したとします。「本当に、それでいいのかなぁ」と、子どもはいつまでも自分の考えが固まらず、自己を相対化できない。反抗期からもなかなか抜け出せないのです。

意見を言ったらさっと引く

そうではなくて「校則がおかしいと思ったら、ルールを破るんじゃなくて、友だちと話してみたり、校則を変えるように提案してみたりするのが、お母さんはいいと思うな」というふうに、親が自分の意見を伝えるの。

そして、意見を言ったらさっと引くことが大事です。親が正論を言って従わせようとしても、子どもはムカつき、反発するだけですから。

子どもは「校則に違反するのは、お母さんもだめだと思ってるんだな」と自分で反《はん》芻《すう》します。そして、反抗しながらも「やっぱりお母さんが言ってる通りだな」と、自分で納得し、安心する。このことが自立への発達にとって重要なのです。

子どもの気持ちを尊重しつつも、親の意見は伝える。子どもの成長を信頼して、自立を応援する役目を忘れないでくださいね。

夏休み

お金は自由に使わせない

小学4年生くらいになると、子どもだけで出かけたがるようになります。そういうときでも、子どもに自由にお金を使わせるのはやめた方がいいですね。小学生までは、どんな場面でも、おとなが子どもたちの様子を見守るべきです。

そうしないと、気軽に子ども同士でおごり合いや貸し借りをしたり、お金を貢《みつ》ぐとか「たかり」が起きるとか、トラブルに発展する危険があります。特に男の子の場合、いじめに金銭が絡んでいることが多いので要注意です。

「わが家のルール」を決めましょう

夏休みに入る前、学校では保護者会などで、先生から「子どもだけで出かけないこと」「お金をめぐって問題が起きたら、すぐに相談すること」などのお話があると思います。家庭でも「お金の貸し借りはしちゃだめよ」など、子どもとよく話し合って「わが家のルール」を決めましょう。

それぞれの家庭によってルールに違いがあり、「○○君の家は、いいって言ってるのに……」と文句を言うこともあるでしょう。でも、「うちのルールはこうだから」と納得できる親子関係や信頼関係を、日頃からきちんと結べていることが大事だと思います。

そして、もしトラブルが起きてしまったら、担任の先生や警察に相談しましょう。

お金の大切さを伝えたい

子どもに金銭感覚を身につけさせたくて、おこづかいを渡す家庭も多いと思います。

ここでも、「何にどう使ったかは、おこづかい帳を見せてね」というような家庭の約束を決めましょう。

わが家でも子どもたちにおこづかい帳をつけさせて、毎月おこづかいを手渡すときに見せてもらっていました。おこづかい帳を見ながらのコミュニケーションで、子どもが今、何に興味をもっているかもわかりますよ。

また、夏休みやお正月に祖父母や親戚《しんせき》からもらったお金は、子どもの名前で通帳をつくって貯金していました。そうすると、高校生くらいになると結構な金額になるから、「これでテニスのラケットを買いたいけど足りないんだ」「じゃあどうする？」なんて会話を交わすなど、自分でお金の使い道を考えたり、やりくりする力が身についていくように思います。

お金を渡しっぱなしにするのではなく、家庭のルールを作り、お金の価値や使い方をきちんと考えさせたい。「お父さん、お母さんが一生懸命働いて得たお金なんだ」と子どもがお金の大切さを理解できるようにしたいですね。

本番でできなくなる子

保育園や幼稚園児の場合、普段の練習ではできているのに本番になるとできないのは、本当に恥ずかしいからかもしれないですね。「ちゃんとやらなきゃだめじゃない」なんて叱るのはやめましょう。子どもは、うまくできなくてつらい気持ちのはず。そこで追い打ちをかけるようなことを言ったら、子どもは深く傷つきます。

〝共感〟は、子育ての大事なキーワード

こういうときはまず、「恥ずかしかったのかな?」「気にしなくっていいんだよ」と、子どものつらい気持ちに寄り添い、共感してあげましょう。

「共感」は、子育ての大事なキーワードです。共感してあげると、子どもは「ママ

やパパは味方だ」と安心し、力強く感じて、元気がわいてくる。そして、自発的に頑張る気持ちもわいてきます。

そして、できたところを探して認め、ほめましょう。恥ずかしがり屋さんなのに本番に参加できたのなら、これだけですごいじゃない！　本番に出られなかったとしても、普段の練習でできているところがあるのなら、そこに注目しましょうよ。できているところを認めればいいいんですよ。

運動会に限らず、できないわが子と、華々《はなばな》しく活躍する子をつい見比べて、焦ったり落ち込んだりしてしまう親もいるかもしれません。でも、わが子がみんなと同じようにできなくても、むやみに親は気にしたり心配したりしないでほしいと思います。

おおらかな気持ちで見守る

人にはそれぞれ個性があります。得意なことや苦手なこと、好きなことや嫌いなことも人それぞれ。また、はじめはできなくても、練習し、失敗や成功、励ましを受けるなど、さまざまな経験を重ね、できるようになることも多いものです。

一方で、練習を重ねてもできるようにならない場合もあります。そんなときでも、親は子どものありのままを認め、受け入れてあげましょう。言葉で「ありのままでいいんだよ」と伝えることも大事よ。

「この先、小学校に上がってもできないままでは……」と心配する親もいるけど、大丈夫ですよ。子どもの成長はダイナミックです。保育園や幼稚園でできなくても、小学校に上がればぐんとステップアップしていきます。そのうちに、ひとりで駆け出すようになる日も遠くないかも。親は一喜一憂《いっきいちゆう》し過ぎず、おおらかな構えで子どもの成長を見守りたいですね。

入試前の親の心がけ

いつも通りを心がけて

入試前の子どもたちが不安を感じてイライラするのは当然のこと。親の役割でまず大切なのは、そうした気持ちをしっかり受けとめることです。

とは言っても、勉強中の子を気づかって物音をたてないようにしたり、過度に世話を焼いたりするのは、やめたほうがいいですよ。いつも通りに過ごすのがいいの。夕飯の後片付けなど家事を手伝っている子なら、入試の前日でも同じように過ごすほうがいいですね。

というのは、親の気づかいを感じると、その期待にこたえなきゃ……と、子どもは余計なプレッシャーを感じてしまうんです。「うちの親は全然、特別扱いしてくれないなぁ」と思うくらいが、子どもは気が楽でいいのです。内心は心配でしかたがなくても、子どもの前では平気な顔でいることを心がけてくださいね。

「大丈夫だよ」で安心感を

スマホやテレビを見てダラダラしている姿が目につくときもあるでしょう。でも「勉強しなさい」と叱ったりしないで。

「あ〜。テレビなんか見てないで勉強しなきゃ……」と、一番わかっているのは子ども自身です。それでも気分転換や現実逃避がしたくて、罪悪感をもちながら休んでいるはず。そんなときに「いつまでテレビ見てるの！」なんて言われたら、「うるさいな、わかってるよ」と言い返してしまうのは当然ですよ。

親御さん自身も、そうだったでしょう？　その気持ちを思い出して、「まあ、休みたいときもあるよね」と、文句を言いたい気持ちをぐっと抑えて見守ってください。

子どもが不安になっているときや失敗したときのキーワードは「大丈夫だよ」。私自身、母親に言われてよく覚えている言葉です。「なんで大丈夫なの？」と聞くと「直樹《なおき》は大器晩成《たいきばんせい》だから」なんて言われていました。

理屈じゃないんです。親が「大丈夫だよ」と笑って声をかけることで、子どもは大きな安心感を得ることができるのよ。

進路は自分で決めさせる

進路を決めるにあたって大切だと思うのは、子ども自身が自分で志望校を決めることです。「親や先生に勧められたから」という理由や、偏差値のランクで志望校を決めるのだけは避けてください。第二、第三志望の高校を「滑り止め」なんて言うのもやめましょう。

高校に合格することが最終目的ではなく、大切なのは、進学した学校でいかに目的意識をもって学び、充実した生活を送れるか——ということです。○○を学びたい、この部活に入りたい、この学校の□□な雰囲気が好きだ——など、「どうしてこの学校を選んだのか。入ったらどんな生活を送りたいか」を思い描き、納得して進路を決めてほしいと思います。

新1年生

小学校が楽しみになる会話を

小学校入学を迎えるママからのお悩み質問をよくいただきます。

幼稚園や保育園では、送り迎えを通して子どもの様子がわかったり、先生や保育士と気軽に話せたりしたけれど、小学1年生になると生活は一変します。

子どもだけでの登下校、連絡帳には先生のサインだけ――。子どもが学校でどのように過ごしているか、急にわからなくなるんですよね。

でも、親が不安な気持ちでいると、子どもにはすぐに伝わっちゃう。子どもは親の表情をよく見ているものですよ。だから、もっと気持ちをラクにして、「小学校に行ったら、こんな楽しいことがあるね」「給食はおいしいらしいわよ」と、子どもが「早く小学校に行きたいな」と思えるような会話を心がけましょう。

親も一緒に、新しい生活を楽しみにできるといいですね。

一歩下がって見守る

1年生は、自分で考え、行動できるようになるスタート地点。「一人で起きる」「着替える」といった生活のことや、「時間割をそろえる」「宿題をやる」といった学校のことを、最初は親も一緒に取り組む中で、子どもに自立心がゆっくりと芽生えてきます。できるようになったことは少しずつ子どもに任せて、親は一歩下がって見守りましょう。

小学校に入れば、ひらがなの書き方から教えてくれますが、靴箱や持ち物の区別ができるように、ひらがなで自分の名前くらいは読めた方がいいかもしれないですね。

入学が近づくと、文字や数字に興味や関心が出てきて、看板を見て「僕の名前の字があった」なんて言う子もいます。そうした機会をとらえて、子どもの興味を広げる話をするのもいいと思いますよ。

子どもの前で先生の悪口を言わない

入学したら、ぜひ担任の先生を頼ってほしいと思います。連絡ノートなどを大いに活用して、遠慮しないで相談した方が、先生も状況がわかり助かります。

気をつけたいのは、子どもの前で先生の悪口を決して言わないこと。4年生くらいまでは、子どもは親の言うことが絶対的です。だから、「教え方が下手ね。ハズレの先生ね」なんて夫婦の会話を聞かれたら、子どもは先生に不信感を抱いてしまいます。

悪口ではなく、先生のいいところを見つけて子どもに伝えましょう。子どもが学校を好きでいるには、信頼できる先生が不可欠です。

行事や学校公開などで学校へ足を運ぶ機会は多くあります。わが子が生き生きすごせているか見に行ったり、プリント類に目を通したりして、子どもと一緒に小学校生活を楽しんでくださいね。

魔法の言葉

一人で頑張りすぎないで

「尾木ママ」と呼ばれるようになり、いろんなママたちの悩みを聞いて思うのは、「そんなことで悩まなくても大丈夫なのに〜」ということで悩んでいる人が多いことです。「2歳の娘が、なんでもイヤ、イヤと反抗するんです。育て方が間違っていたのでしょうか」とかね。それは、人間の発達過程から見て当たり前のことなんですよ。

現代の日本では、多くのママが周囲に頼れる大人がおらず、一方で、情報があふれているので、何が正しいのかわからず、「これでいいのかな」と不安を抱えて子育てしています。うまくいかないと自分のせいだと思って、イライラしてしまうのね。

でも、一人で頑張りすぎずに弱音を吐《は》いてもいいと思います。もっと自分に素直になって。ぜひ、愚痴を言い合える友だちを見つけてくださいね。友だちが見つからなければ、自治体などの子育て支援センターや児童館、保育園などの子育て相談の窓口や集まりを利用してみてください。

「どうしたの？」は魔法の言葉

子育てで大切なのは「叱る」代わりに「ほめる」こと。日常の中で、できたところを見つけてほめる。すると、小さな自信がいっぱい生まれていきます。

叱りたくなったときに、僕のおすすめの言葉は「どうしたの？」。子育てのどんな場面でも使える、魔法の言葉ですよ。

「どうしたの？」とわけを聞いてあげると、100％子どもが悪いということはないと思えるはずです。少しでも理解できるところを見つけて、しっかりほめてあげてください。

たとえばお兄ちゃんが弟をたたいたとします。そのとき「何してるの！　だめでしょ！」といきなり怒るのではなく、「あら、どうしたの？」と聞いてみて。そうしたら「ぼくのおもちゃをとったからムカついたんだもん」と言うかもしれない。そこで「そう、ムカついてるんだ。それはイヤだったね～」と相槌《あいづち》を打って、子どもの気持ちを受けとめてあげてほしいと思います。

子どもの気持ちに共感して

悪いことをしたとき、子どもだって内心では悪かったなあと思っているんですよ。だから、頭ごなしに怒られると「わかってるよ」と反発するし、2回、3回も言うと「うるさいなあ」とか言うわけ。でも、「どうしたの？」と優しく聞かれると、子どもは自分が信頼されているという安心感をもち、素直に気持ちを話すようになるの。

ママやパパがどんなときでも自分の気持ちに寄り添ってくれることがわかれば、子どもは安心して、パワーがわいて、自分から「ごめんなさい」と言えるかもしれない。

その時すかさず「えらいね～」と一言ほめてあげて。ほめるのはこのタイミングです。おとなはつい、子どもに教えよう、諭《さと》そうと考えがちだけど、そんなものは必要ない。子どもの主張が間違っていても、責める前に「どうしてそう思うの？」と聞いてみて。しっかり話を聞いて共感してくれる、そんな親がそばにいてくれるだけで、子どもは元気になれるのです。

もし怒ってしまったら、「怒っちゃってごめんね」と素直に謝ることも大事ですよ。

自分の意見をきっぱり言う

小学校の高学年くらいからの思春期・反抗期の子育てにも、悩んでいる人は多いですね。かわいいわが子が「うるさいなあ」と反抗的になったり、親と話したがらなくなったりするんだもの。たまらないですよね。

でも、この「反抗期」は、子どもが親に甘えてきたいままでの自分をいったん崩して、精神的におとなから自立し、新しい自分をつくろうともがく大切な時期なんです。

周りのおとなは、子どもがぶつけてくる難題に対して、自分の意見をきっぱりと言うことが大事ですよ。そのようなおとなの頑固《がんこ》さを、内心では子どもたちも求めているの。そこを足場に、安心して新しい「自分づくり」に励《はげ》めるのです。はれものに触るように何でも子どもの「言いなり」になったり、「そのうちおさまるだろう」と放任していたのでは、反抗期を長引かせるだけですよ。

子どもの言うことが間違っていると思ったとき、「それはおかしいと思うよ」「そういう考えは、お母さんと逆だね」と指摘する。子どもが「なんでだよ～」とつっかかってきても、言い合いはしない。子どもはいろんなへ理屈を言ってくるから、感情的にけんかになってしまいますからね。

「なんでだよ」と言われたら、「なんか上手《じょうず》に言えないけれども、勘《かん》よ、勘」とか、「人生経験40年が語ってるのよ」とかね。それくらいのおおらかさをもちたいですね。

子どもは親に「うざい」なんて言いながらも、本当は構ってほしいもの。わが子が投げかけてくるイライラを、どっしり構えて受けとめてあげてくださいね。

第Ⅱ部　尾木ママが育った村

はじめに

「尾木ママ」と呼ばれるようになってから今年でちょうど丸10年になります。この「尾木ママ」の10年とそれ以前の自分の生き方は、実は私から見れば、あまり変わっていないのです。ただ、メディアや周りの人々の受けとめ方がすっかり変わってしまって、同じことをお話ししても浸透度が10倍も20倍も違ってしまったようです。

そして、今では「現在の尾木ママ」しかご存知ない方もとても多くなってきているような気がします。以前の私と今の尾木ママとの繋《つな》がりが共通して見える部分を語ってほしいという編集部の求めに応じて、この第Ⅱ部をお話しすることにします。

私は、「尾木ママ」と呼ばれる以前から、実はすでに教育評論家としてメディアでもかなり多くの発信をしてきていました。ですから、多くの方々と向き合って生活していると思い込んでいました。

でも、尾木ママになって初めて大発見したのです。それまで市民に幅広く向き合っていると信じていたものの、それは、いわゆる「教育に関心が深い人々」だったのです。つまり、大半の人々とは向き合えていなかったようです。

尾木ママになってからは、講演会の参加者もグーンと増えました。主催者の教育委員会や行政の方々は、「えっ、どこからこんなにたくさんの人々が湧くように参加してきてくれたのだろう？　私たちの町には若い人がこんなに大勢おられたんだー」とか、かなり山間部の地域では、「私たちの町で、こんなに400人も集まるわけがないのにー」などと驚く町長さんもいらしたほどです。これまでの私の講演会の2〜3倍もの方々が集まってくださったのです。

私も現役教師時代にはいろんなサークル活動などを、多くの仲間や研究者、保護者の方々と熱心にやってきましたが、尾木ママになって〝どうも全然違うぞ〟と感じ始めました。以前は、気心の知れた身内集団の中で、みなさんと一緒に生活し、活動していることで、全国のみなさんと一緒に奮闘しているのだと思い込んでいました。でも、実はこの「みなさん」は、考え方や立場などの似ている、社会の特定の人々だったようです。つまり、一般的な〝大衆〟とは少し異なっていたのですね。この尾木ママの10年間で、そのことを強く意識させられるようになったのです。

ですから、逆に昔から私をご存知の読者の方々からすると、〝「尾木ママ」になって尾木さんは違う世界に行っちゃった〟などと感じるのかもしれません。でも、私自身はまったく同じ、変わっていないのです。むしろ以前より自由に発言し、広く活動させていただいている、そんな感覚です。

このことは、尾木ママになっていなかったら、気がついていなかったかもしれません。それほど住む世界が広がってしまったのです。実に、ありがたいことです。

一　尾木ママの生い立ち

生まれたのは、「日本名水百選」の村

最初に、生い立ちから尾木ママになるまでの経緯について簡単にお話しします。

私が生まれたのは昭和22年・1947年、終戦間もない頃。滋賀県の、当時は坂田郡伊吹村《いぶきむら》（現・米原市《まいばらし》伊吹）と呼ばれていましたが、そこの大清水《おおしみず》という地名通りのとても水が豊富で綺麗な地域で、「日本名水百選」（名称は泉神社湧水《いずみじんじゃゆうすい》）の一つになっていたあたりです。山からの湧き水がずーっと途切れることなく続いて田圃《たんぼ》をうるおしている地区で育ちました。これまた「日本百名山」の一つで、滋賀県の最高峰である伊吹山の麓《ふもと》なんですけれど、里に下りれば田圃《たんぼ》や畑が広がる静かな山里でした。

中学時代の友だちには、炭焼き小屋に居住している子もいました。彼の小屋は伊吹山の山腹にありましたから、片道2時間、往復4時間もかけて学校に徒歩で通っていました。だから、マラソン大会では、彼は楽々一位でした。

そんな本格的な田舎ですから、クマが出るとクマよけの鈴を付けて下校させられたり、おサルさんなんかもいっぱい。雪がすごくたくさん降って、伊吹山に積もった雪は、山岳積雪量ではギネス登録、世界最高記録の11メートル82センチ（1927年2月14日観測）を保持しているほどです。それほどの大変な山奥で育ったんですよ。

父親は気象台の予報官で、彦根《ひこね》城のある地方気象台に勤務。伊吹山の山頂（標高1377メートル）には測候所があって、冬場になると2〜3人交代で常時泊まり込んで気象観測データを送信するという過酷な仕事をしていました。

伊吹山は季節の良い夏場でも、山頂までは健脚の人でも片道5時間はかかります。それが、先ほどお話ししたような豪雪地帯ですから、とりわけ冬は簡単に通えるような山頂ではありません。測候所にいる間は家を空《あ》けて、泊まり込みで1週間か2週間交代で登っていました。冬山では遭難者も出て、命を落とす方も出るぐらいですから、ほんとうにシビアな仕事なんです。

母親は小学校の教員でした。ただ、姉が産まれてからすぐに退職しましたから、私の家は兼業農家。祖父母は私が小学校3年生のころに亡くなったんですけれど、いわゆる〝三ちゃん農業〟で、昔はかあちゃんと、じいちゃん、ばあちゃんの〝三ちゃん〟で田畑を耕していました。田圃は6反ぐらい（1反は300坪、約10アールの広さ）。山や畑もありました。

比べられるのはイヤだった

きょうだいは4つ年上の姉と3つ下の弟の3人きょうだい。姉はほんとうに頭も運動神経も良くて、テストでは満点ばかり取るので、評判でした。

でも、そんな姉と比べられるのは、イヤでした。小学生の頃はあまり気がつかなかったけれども、思春期の中学生になると反発を覚えるようになりました。と言っても、反発したのは、姉に対してではなくて、学校の先生たちに対してでした。

だって、わざわざ校内放送で職員室に呼び出されて、「この76点というのはどういうことなんだ?」と文句を言われるんですから。私は76点も取れたとホッとしてるのに、「姉ちゃんは100点しか取ったことはないよ」などと比較するんです。姉は姉で僕とは関係ないのに——。

父や母はそのような比べ方は一度もしませんでした。ただイヤミだなと思ったのは、母は子どもが描いた絵やテスト類をすべて保存する考えで、それらをしまってある箱があり、僕の分もそこに全部入っていました。僕の新しいテストや作品をしまう際に、姉のテストなどを見ながら「あら、あら、ぜ〜んぶ100点!　姉ちゃんは凄いね〜」と一人でつぶやくのです。僕と比較しているわけではなくて、素朴な感想なのでしょうが、僕の心にはズーンと響いていましたね。

〝負けて勝ち取れ〟と教えた母

その姉も、父とはなぜか馬が合わなくてよくケンカしていました。家を飛び出して、畑の中の農機具小屋に隠れていたこともありました。僕から見ると〝どうしてあんなに、いちいち真正面から親に歯向《はむ》かっていくのかしら〟と、ほんとうに不思議で仕方がなかったです。「そうだねー」って、適当に受け流して頷《うなず》いていれば済むような内容なのに。結局は泣いて、なんの得《とく》もしていないのですから。姉がすごく損をしてるように思えたのです。

父親は、気象台の予報官でしたから、どうしても科学的で、真っ正面から論理的に考えるタイプ。一つ一つ理詰めでつめていくわけです。姉も同じく理論的なものですから、お互い似た者同士。ぶつかり合うしかなかったのでしょうか。

その経緯《いきさつ》を私はずーっと見て育ったこともあって、人と正面から対立的にぶつかることを好まない性格になったのかもしれません。

母親はよく、「直樹、人間関係というのは、〝負けて勝ち取れ〟なのよ」と教えてくれました。このことは僕の胸にはストンと落ちて、今でもよく覚えています。

争いと言えば、戦争ではどちらも「正義」なのかもしれません。双方が〝正義の戦い〟と信じています。でも、母親が言う〝負けて勝ち取れ〟という言葉は違います。最初は自分の要求を貫かないので、負けるのですが、最終的に自分が思うように相手が受けとめてくれればいいーというのんびりした平和主義的な考えなのです。

〝まける〟って、相手を最初に認めてしまうこと

ものを買うとき、関西の人たちは値切るのが普通です。すぐに値段交渉に入るのです。東京に出てきてビックリしたのですが、みなさん定価通り買っているのですね。当時は信じられませんでした。

関西の人なら、たとえば1280円の品物だったら、「これ、最後の80円は取れないの?」とか、「もっと、まからんの?」などと交渉します。すると、これが多くの

場合要望に応じてくれるのです。そんなやりとりが買い物の際の常識だと思っていましたから、僕が東京へ出てきたら、みなさん定価のまま買うのを見て、カルチャーショックさえ受けましたよ。

ところが、僕の父親は値段交渉に入ると、ほとんど「負ける」んです。理詰めでいくと向こうの方が専門家ですから、「これは最新の商品で、昨日入ったばっかり。ダンナさん、そんなに安くしていたらウチ倒産しますワ」とか何とか言われて、「ゴメンね」で終わるのです。

一方、母親はまったく違います。これが成功するんです。婦人会の会長や色々な役職を経験していたのですが、そこには理由があったのかもしれません。「あの人に任せておけば、物事がうまく進むー」などと。それほど交渉上手でした。

「ダンナさん、これ、もうまからんわよね。新しい品物ですもの」と、自分から先に言うのです。すると、店長は「いやぁ、奥さんにはかなわんワ」とか言いながらも、おまけするのです、「じゃ、いいワ、80円取っとくよ」とか。

けれども、母親はそこで「ありがとう」と終わりにしない。「ダンナさん、ポッキリにならんの？」とさらに追い打ちをかけるのです。すると相手は「もういいワ」と半ばヤケ気味に、ほんとうにズバリ1000円におまけしてくれるのです。

このように、両親がまるっきり反対のやり方なのです。私は父や母に付いて歩いてその様子を見ていたのですが、いつも不思議でした。父は交渉しても、まず失敗する。だから、笑い話で終わるだけ。だけど母のほうは、自分の要求を通しながら、双方とも気持ちの良い遣り取りになるのです。

このような光景を見て、物事というのは理詰めではなくて、ほんとうに相手との心の遣り取りが大切で、相手の努力を認めた上で、こちらの要求を提案するものだと悟ったのです。最初に相手のことを認めることで、相手は自分の方へ近寄ってきてくれる、そこで合意ができるという理屈なのかもしれません。そんなことを日常生活のなかで学びました。楽しかったですよ。

いまから振り返ると、これはとても大きな実践的教育で、私の人生観というか、生き方にも関わってきています。だから、正面切ってその場でパシッと決着をつけるというのは、あまり好きではないのです。

どちらも良かれと思って主張しているはずですから。そういう場合には、時にはゆったり静観しているのも一つなのかもしれないですね。

最初の失敗は、高校入試

このような生活環境で育ってきましたが、挫折というか試練もずいぶん経験してきました。しかもその回数が多いのです。

最初の失敗は、県立高校の入試です。当時は2日間9科目もの試験があったのですが、私は初日から体調を崩していたのです。2日目はもう限界。椅子に座っているのもつらくて、全然できませんでした。このことは、私の「決して無理をしないという人生観」にも繋がっていくことになったのかもしれません。

実は、高校入試直前の中学3年生の1月に入って、私はあることにふっと気付いてしまったのです。それは、3年間それまで無遅刻無欠席で学校に通っていたことです。そこで頭に浮かんだことが〝あっ、皆勤賞がもらえる！〟という期待でした。なぜか、卒業式で是非もらいたいと思ったのです。ところが1月の中旬ぐらいに風邪をひいてしまったのです。でも頭の中には〝皆勤賞〟の三文字がちらついているものですから、当然、我慢しながら無理して学校に通っていました。

治らないまま迎えた入試本番、ついに40度もの熱がでてしまったのです。高校の先生側も慌てて、「保健室で受験しますか？」と提案してくださり、受験態勢を準備してくれました。

でも、自分だけそんな特別待遇は恥ずかしいと思ってしまったのです。だから、ずっと我慢して、1日目はなんとか5教科受けたものの、2日目はまだ残り4教科もあります。このように高校入試は、大変な重労働だったんです。

今でもよく覚えていますが、教室の一番うしろの席でした。監督の先生が僕の側で「大丈夫ですか？」と声をかけながら見守っている。何とかこらえて頑張ったんですが、ついに意識がもうろうとしてきて、名前は書いたものの〝ああ、これは失敗したな、まずいな〞と思いました。これが最初の落第になってしまいましたね。

自分がこんな苦い体験をしたこともあって、子どもたちに無理をさせることにつながりかねない皆勤賞には、絶対反対になりました。

ところで、当時は、先生が「ここを受けたらどうか」と選んでくれると、大体みんな受かるようになっていました。今のような「すべり止め」とか「併願校」などという発想自体もなかったです。僕の時代は高校への進学者は6割くらいで、就職組は4割。4歳上の姉の時は進学が4割で就職は6割。「金の卵」などと呼ばれて、中卒の就職者がもて囃《はや》された時代です。テレビなどで時々紹介されますが、東北方面から上野駅に集団就職の列車で上京してくる子どもたちの姿を記録した映像のような、あの頃はそんな時代ですから、複数の高校を受験するなどということはまったく考えもしませんでした。成績がいい子でも、会社に勤めて厳しい現場で仕事をしていたのです。

母によく言われたものです。「○○ちゃんは、あんなに勉強できたのに現場で仕事していたわよ。偉いわね。直樹もがんばらないといけないね」って。

高校に進めること自体が、恵まれている時代でした。

“叩かなくても子は育つ”が、父の信念

高校入試が不合格になり、僕は行くところがなくなってしまいました。先生方が慌てて進学先を探してくれて、ある先生が自分の友だちが勤めている私立学校に頼んでくれたのです。こうして、その私学に通うことになりました。

ところが、入ったらひどい体罰教師がいたのです。体育の教師でしたが、授業中に、とび箱をうまくとべなかったクラスの友だちを、指導と称して蹴ったんです。思わず、「先生！　蹴るのはやめてください！　憲法違反です！」と叫んでいました。実際は学校教育法違反でした。そうしたら「教師に喰《く》ってかかるのか？　イヤなら授業に出るな！」と怒鳴られたのです。それ以来、体育の授業は完全にボイコット。この辺りはなんだか姉に似ているみたいです。真正面から体罰教師と向き合ってしまったので

すから。

今でも僕は、体罰だけは絶対に許せないのです。それは家《うち》の父が僕たちきょうだい3人に体罰だけは1度もふるったことがなかったからです。もちろん、胸ぐらをつかむこともありませんでした。

実は、父はずっと殴《なぐ》られて育ってきたらしいのです。祖父は小学校の教員だったのに、明治の頃の教師はよく殴ったのですね。父親もすぐ殴られたらしいのです。〝口で言えばわかるのに、どうして殴るのか〟といつも心の中で思っていたそうです。

だから父は「自分に子どもができたら絶対殴らないと、決心した」とよく話していました。「父ちゃんは絶対に殴らないよ。わかるまで何回でも言うからよく話を聞いておくれ」が口癖《くちぐせ》でした。これを、何百回言われたかわからないほど。僕が間違ったことをすると、いつも口で言い聞かせてくれました。

それでも僕はチョロチョロしていて、すぐに同じことくり返してしまうのです。すると、「直樹、もう1回言うから座りなさい」と叱られる。こうして3人とも普通に育ちましたから、〝叩かなくても子は育つ〟と僕も信じています。

筋の通った校長と信頼してくれた両親

僕は〝この高校ではダメだ〟との思いを強くしました。母も転校した方が良いと思ったようです。そこで当時、母の教え子で京都の大学の教員をしていた方に相談して転校先を探してくれたのです。

その大学付属高校は英語教育に重点が置かれていたために、英語が得意になるようにと、「僕が英語をみてあげる」と教えてくれました。そうしたら急に英語が得意になって、こんなに英語って面白いのかと思えたのです。

編入試験の勉強にも一生懸命励みました。京都に決まったら、大津の親戚の家にお世話になってそこから通学する手はずになっていました。ところが、年が明けてしばらくたった頃、父が四国の高松の気象台に転勤することが決まったのです。

一家で引っ越しです。急遽、転校作戦は中止、香川県の県立高校の編入試験を受けることになりました。すごくショックでした。

ところが、編入試験後、校長先生から呼び出され、「君は1年生を終われていない」と言われて、ビックリ。実は、体育の単位がとれていなかったのです。つまり、体罰教師に反抗して6月の下旬ぐらいから授業に1回も出席していなかったので、進級に必要な単位が足りていなかったのです。

30点からが単位認定される決まりでしたが、なんと体育は29点！　成績証明書にほんとうに赤ペンでしっかりと記載されていたのです。「赤点」というのはこの赤で記された数字を称して言うのかと納得しました。

成績証明書や住民票など、編入に必要な書類一式は提出したのですが、まさかそこに「赤点」で記されている科目があるなんて！　「厳封・親展」のはんこがしっかり押されていましたから、内容は知るよしもありませんでした。

校長室で僕が困っていると、校長先生は「君、1年生からやり直すんだったら、うちで受け入れてもいいよ」とおっしゃったんです。

〝なんと筋の通った校長なんだろう〟と僕は、一瞬で尊敬してしまい、「1年生からやります。よろしくお願いします」と即答していました。

両親も、心の中では心配していても、僕の意志を尊重して、「直樹がそう言うのなら――」と許してくれました。これには本当に感謝しています。僕を深く信頼してくれていたことが、その後の僕の人生にとって大きな支えになったと思っています。

人生にはアクシデントがつきもの

そんな高校1年生を2回もくり返すアクシデントがありました。次の失敗は、現役時代の大学入試で全滅したことです。大敗の原因は、最初の英語の1問目がきっかけでした。僕は教員になって高校で、大学受験生を指導するようになってから初めて気付いたのですが、入学試験というのは合格できればいいのです。何も1番をとらなくてもいい、75％も正答すればまず合格なんです。それを、僕は、一つでもできなかったらダメだという意識が強かった。これが、失敗の元ですね。第1問目で読み間違えてしまい、どうしようかと頭の中が真っ白に。満点主義というかパーフェクト主義がネックになりました。

それが逆に上手《うま》くいったのが浪人時代です。ほとんどパーフェクトにできたのではないかしら。

失敗という共通点では、教員採用試験でも、これがまたまた「大失敗」です。落ちたというよりも、試験自体を受けに行けなかったのです。採用試験は夏なのですが、4年生の夏休みに例の伊吹村の実家に帰って試験勉強していました。僕は普段、東京では背もたれがロッキングするイスにもたれて、疲れるとよく伸びをする癖がありました。ロッキングチェアにもたれている要領で、普通の固定イスに座りながら、グーッと後ろへ伸びをした弾みに、イスごと後《うしろ》に倒れてしまったんです。

そして、隣町の総合病院に連れて行かれました。診察の結果、むち打ち症になってしまったことがわかりました。さらに、「これは一生治らない可能性も高いですよ。頸椎がやられているから、60歳を過ぎたころに異変が起きるかもしれませんね」と宣告されてしまったのです。むち打ち症は車に追突されてなる場合が多いのですが、この症状はまぶしくてほとんど目が開《あ》けられなくなったり、頭の重みに頸椎《けいつい》が痛くて、頭全体がズキンズキン波打つ痛みで支えられないのです。下を向けないから靴も履けない。もちろん、試験用紙に向かって答えを書くなんてできるわけがないのです。こうして結局、採用試験は受けることができませんでした。不思議なことに、なぜか不幸は重なるものですね。アクシデントが立て続けに起きたのです。

話は違いますが、かつては「内地留学」と言って、教職を一定年数経験すると、30歳くらいで国内の大学などに1年間ほど留学できる制度がありました。そこで教員になってから、T大の僕が尊敬する教授のおられる学部を目指して受験したのです。幸運にも、一次の論文試験には合格しました。

次は、二次の面接試験です。ここでまたしても、僕の「姉ちゃん的な頑固さ」が露呈してしまったのです。面接での質問は、僕から見るとまったく見当はずれに思えたのです。だって、「あなたは中学校2年の担任だと仮定します。月曜日の朝教室に行ったら、一人の女子生徒がいきなり髪を茶髪に染めていました。さあー、あなたならどう指導しますか？」と聞かれたのですから驚きました。

現場感覚ではそんな現象はあり得ないからです。だから、僕は「実際の学校現場では、茶髪になる前に、爪にマニキュアをつけたり、服のボタンを留めなかったりするんです。そんな突発的な変化はまずありません。私はもっと前の段階で、生徒に『どうしたの？』と声を掛けて指導します」と答えました。すると、面接官は「私の質問に答えればいいんです！　あなたと論争しているんじゃない」って、本気で怒っちゃったのです。もちろん、不合格でした。

その後もこのような挫折や試練をいくつも経験しながら46歳で中学校の現場教員を辞し、教育評論家として独立。テレビや雑誌での発信、書籍などでの実践報告や問題提起を続けていました。こうして、夢中になって頑張っているうちに、法政大学キャリアデザイン学部の新設に立ち会うと同時に、正規の教授に就任することになったのです。

二　「尾木ママ」誕生の瞬間！

それは突如、始まった

ところが、大きな転換点に遭遇――「尾木ママ」という、これまでまったく予想さえしなかった大変身が始まったのです！　それは、62歳の時。本当に人生って「セレンディピティー＝思いがけない発見」だなと実感しています。

それまでは「報道・教養・教育番組」を中心に、教育評論家・法政大教授としてよく出演していました。そこに初めて、２００９年の年末、バラエティ番組からオファーがきたのです。「バラエティ特番が、なぜ僕に？」と不思議でしたが、「面白そうじゃない」くらいの軽い気持ちで引き受けたのです。

家族に「こんな番組から出演依頼が来たよ〜」なんてのんきに報告したら、みんなビックリ顔で、「お父さん、いままでの番組とは全然違うよ！　お父さんにはムリ、今からでも断ったらー」と脅かされてしまったのです。録画を見せられて、「これは大変だ！」と僕も本気で焦りました。

ここからは家族が指南役です。〝チンベル〟（自分が発言をしたい時に鳴らす合図のベル）を押すタイミングのとり方とか、見ている人に飽きられないように、最初にポイントを話して、「ホンマでっか⁉」と驚いてもらってから説明するとか——。つまり、バラエティ的な話術を家族ぐるみで特訓してくれたのです。おかげで収録当日は絶好調でした。何度も発言できて、大成功でした。

ただ一つだけ、予想外のことがありました。それは僕が気楽になって話すときは、昔から冗談を言うのが大好きで、女性っぽいしゃべり方になるのです。この時もそうでした。それがみなさんにウケてしまったのです。

それにしても不思議なのは、そういう話し方をしてさんまさんにイジられる場面は、テレビのバラエティ番組ではよくあることのようです。でも、それが本当に日常的に定着している人というのは、あまりいないのではないでしょうか。どうして僕はそうなったのでしょうか。一つには、中学校の教師時代に女子生徒たちと毎日交換日記のやりとりをしていた際に、女子の感性がのり移って染みついてしまったことが原因かなと思っているのですが、実際のところは10年以上たったいまだによくわからないのです。

だけど、自分としては、家での普段のしゃべり方のままだったのですね。わざとキャラを作っていたわけではないのです。

それまで出演していた堅い番組では、最初に〝三つの大切なことを話そう〟などと頭にたたき込んだり、台本に書き込んだりして、それらを正確に伝えることが僕の役割だと思っていました。

ところが、僕がさんまさんにイジられているシーンでは、視聴率が良かったらしいのです。だから、〝バラエティって素《す》のままでいいのかもしれない〟と思ったのです。

それがまた「ＣＭまたぎ」という注目される編集で使われたのです。「ＣＭまたぎ」というのは、ＣＭに入る直前にこの後どうなるのかなと期待感を盛り上げておいて一旦《いったん》ＣＭに入り、終わると、直前の場面にまた戻り続ける手法のことです。これがさんまさんの番組では、僕がイジられるシーンをアップで映して、２度も使われたのです。

この番組は、『さんま・福澤のホンマでっか⁉ニュース』というバラエティなんですが、収録が終わったとたんに、また不思議なことが始まりました。パネリストのみなさんが引き上げて、人があまりいなくなった時に、司会をしていたさんまさんがスーっと僕の席に近寄ってきたのです。何かなと思ったのですが、さんまさんは「いいネクタイしてるね」って話しかけてきたんです。僕も、「よく知ってるわね。さすがね〜」とか笑いながら、気楽にやりとりしていました。スタジオは片付け始める雰囲気になっていましたので、カメラは回っていないと思ったからです。だけど実際にはカメラは回っていて、しかも、番組のエンディングでそこが使われたのです。僕はもうビックリ。〝収録がまだ続いていたんだ！〟なんて悟りましたが、後の祭り。それも普段の雰囲気のままだったので、ウケてしまったみたいなのですね。

実は、最近わかったことなのですが、さんまさんがこういう動きをとるときは、番組はきっと面白いことが起きるだろうと予想して、担当のカメラマンはカメラを回すのだそうです。

僕はＢＰＯ（放送倫理・番組向上機構）の「放送と青少年に関する委員会」（ＮＨＫ、民放連）の副委員長をしていたり、メディア論の本を2冊も出版していましたから、テレビの事情はかなりわかっているつもりだったのです。でも、まさかバラエティ番組はこのような作り方をしているとは思いませんでした。それにそのころは、僕のテレビの概念のなかにバラエティ番組はあまり入っていなくて、〝変なタイトルを付けたバラエティ番組はいったいどうなってるの?!〟などと、プロデューサーさんをお呼びして問い詰めていたりした立場でしたから――。

そして、別れ際に、さんまさんが「俺が10月からやっている番組（『ホンマでっか⁉ＴＶ』）があるからまた来てよー」などと気楽に声をかけてくれたのです。「空《あ》いてたら行くよ」などと僕もよくわからず答えていたのです。本当に無知でした。

そしたら、１月に入ってほんとにディレクターさんから出演の依頼があって、その頃から本格的に「尾木ママ」ブレイクが始まってしまったのです。これが尾木ママ「誕生の瞬間」なのです。

「市民」の方たちと出会えた喜び

僕はそれまで、バラエティの世界をほとんど知りませんでした。けれど、スタジオに行くたびに「どうしてこんなに面白いの?!」などと、どんどんバラエティにのめり込んでいくことになったのです。

番組を見ている視聴者が、家事などをしながら、聞こえてくる楽しそうな笑い声にチラッと振り向き、スタジオと一緒になって笑っておられる風景が見えてました。〝知的な笑い〟や、〝ホロリと心に届く笑い〟。そういう〝豊かな笑い〟〝癒やし〟が大切なんだと、すごく納得できたのです。

バラエティ番組への出演と同じ頃に、実は新しく始めたことがもう一つあります。それは、ブログです。これは、「教育評論家・尾木直樹」から「尾木ママ」への脱皮、みなさんに親近感をもっていただくことにも繋がったかもしれません。

尾木ママとしてブレイクして以来、バラエティ番組に出演した日には、検索してたどり着いてくださるんでしょうか、アクセス数は十数万にも跳ね上がるのです！　それまで出版した本の発行部数が小さくて霞《かす》んでしまうような数字の大きさにビックリしました。

ブログやバラエティ番組への出演を始めて、いままで繋がりのなかった人々と繋がることができました。たとえば、従来の僕の講演会では、教育関係者や教育に関心の高い一部の保護者の方など、40～50代以上の方が大半。それが、尾木ママになってからは、30代が中心で、まさに小さなお子さんを持つ子育て真っ最中の若いママや働く女性が圧倒的に多くなったのです。

それに街を歩いていても、小っちゃなお子さんからおばあちゃんまで、いろんな世代の方々が気軽に「尾木ママ〜!」と声を掛けてくれるようになりました。近寄ってきて、握手までしてくださる。尾木ママ以前には、めったになかったことです。

僕は「尾木直樹」の時代に講演を聞きに来てくれている人たちを、それこそごく一般の市民の人だと思っていたのです。でもそれは、僕の大きな勘違いでした。「尾木ママ〜!」と、町で親しく声を掛けてくれる人たちが、本当の意味で「ごくごく〝一般の市民のみなさん〟」だったのです。広く一般の人たちと、同じ目線になって一緒に笑い、悩み、考え、思いを分かち合うことができる——こんなヴィヴィッドな経験は私にとっては実に大きな発見であり、喜びでした。尾木ママになってようやく気が付いたのです。

「頭は停止、心は通わせる」

僕は31歳の頃からＮＨＫの教育・教養番組を中心によく出演していて、多い年には年間150回くらいにもなっていました。その際、常に「頭」でしっかり考えてお話ししていました。

「書く能力」と「話す能力」は、少し別なのです。「書く」作業は「話す」ことより回路を多く使うのです。まず、「この3つのポイントは言わなければ！」などと頭を整理しながらお話しします。そして、「第1には、第2には、第3には！」などと考えながら論理的に説明する。つまり、頭で考えたことをメモしておいて、整理して、音声に転換していたわけです。

でも、尾木ママと言われるようになってからは、極端に言いますと、「頭は停止している」。つまり、半ば無意識のうちに「頭は停止」して、「心で感じたこと」をありのまま音声に変え始めていたのです。そうしたら、不思議なことにみなさんにずっと広く深く受け止められるのです。

名古屋に講演に伺った際など、僕がまだ挨拶も、第一声も発していないのに、みなさん頷《うなず》くんですよ、特に前3列ぐらいの方たちが強く頷く。あわてて、「お母さんたち、僕、まだ何も話していませんよ」ってお話ししたら、またみなさん頷くのです。みなさんの目や表情を「心」で見つめたり、会場の雰囲気をつかんだりするのが上手になっていたのかもしれません。

このような変化を受けて、会場への入場・登壇方法もこれまでとまったく変えました。尾木ママになる前までは、いつでも舞台袖《そで》から登壇していたのですが、サプライズ登場するために、客席の後ろや横から入場。ハイタッチしたり握手したり、小さなお子さんがいると「おいくつなの？　何年生かしら？」って尋ねたりしながら、3～4分くらいかけてゆっくり舞台に上がるんです。

そうすると参加者の年齢層や雰囲気が具体的につかめます。そこから講演に入っていく方法に大胆に切り替えました。つまり、「心を動かす」「心を通わせる」スタイルに切り換えたのです。

これは、僕にとっては一大転機でした。

「マザリーズ」と言われて

このように、思いを素朴に表現するスタイルを意識してから一番驚かされたことは、1～2歳のお子さんや、10ヵ月未満の赤ちゃん、あるいは乳飲《ちの》み子を連れて、若いお母さん方がたくさん講演会に来てくれるようになったことです。それまでは託児室を準備していないと現役ママさんは参加できなくて、もちろんお子さんなどは会場にいませんでした。ところが、尾木ママになったとたんに、あっという間に、多い時は全体の25％ほどが子連れ参加者になったのです。

しかも、お子さんたちがぜんぜん騒がない。小さなお子さんがじーっと目を見開いて、僕の顔を見つめているのです。不思議に思って、言語の専門家に「どうしてなの？」って聞いたら、「尾木先生はマザリーズ（母親語）だから」と言われたんです。「少し高い音域がママの話し方」とか、「語尾の繰り返し話法」や「トーン」がマザリーズだとおっしゃるのです。「ある意味、お母さんの子守唄を聴いているような感じで、飽きないでずーっと聴いてるんじゃないのかしら?」と。

それを聞いて、「へぇーっ、なるほど」と思いました。尾木ママというのは、あながちさんまさんがテレビのキャラ作りで思いつきで設定したのではなくて、僕の中にママ的な感じを発見していたのかもしれないと思いました。

話し方や声の質などの問題もあると思いますが、そんなママの素地が一体どのようにして作られてきたのかを考えてみますと、やはり子ども時代の母親の教育や「生き方」、コミュニケーションのとり方などが強く影響しているように思います。

尾木ママ以前には、少年事件が起きた際などに番組に教育評論家として呼ばれて、スーツを着て出演する機会が多かったものですから、ネクタイもあえて地味な色合いにしていました。でも、それは厳密に言えば張り切りすぎた「つくりもの」の自分だったのかもしれません。

「あらかじめ、頭で整理した話材を音声化する」のではなくて、「心で感じたこと」を「普段着のまま、家庭で子どもたちとワイワイ会話している感覚」でお話しし、みなさんと接する。それで良いんだと気付けたことは、僕の人生にとってはすごく有り難いことです。

尾木ママになってからは尋常では考えられない忙しさにはなったものの、かしこまらなくて自然体のままですから、全然疲れないのです。

三　個性を大切にすることを求めて

「生きる意味を求める」友との出会い

私の高校時代は、授業が終わるとすぐさま自転車で県立図書館に移動してそこに閉じこもる、精神的にはひきこもっている状態でした。他方では、心が通じ合う友が三人ほどいました。彼らの存在が僕を支え成長させてくれたのかもしれません。

高校1年生を2回も体験したことは、すでにお話ししましたが、この時期は孤立感というか、疎外感にとりつかれてました。

なぜなら、前に在籍していた学校と同じ教科書を3～4科目で使用していたことが影響していたように思います。とくに数学の授業では、いつもは冗談も言わない真面目な先生が時々、授業内容にからんだ冗談を言うのです。だから、生徒にはそのギャップがよけいに受けて、「ワァー、面白い」と、教室中がドカンと爆発するような笑いに包まれます。だけど、僕はニコリともできないのです。だって、前の学校で聞いた内容とまったく同じだったからです。

するとゾクッとするほど自分が寂しくなるんです。僕が二度目の高1を体験していることなどは誰も知らないはず。それだけに、僕はみんなの中では異質の存在なのだ、ここでは違う人種なのだという空気を感じたのです。すごくしんどくもなりました。そして精神的には引きこもりのような状態になって、みんなと和気藹々《わきあいあい》につき合えなくなってしまったのです。

そんななかでも素朴に学校生活を過ごしていたK君とM君、T君の三人とは気を許し合えました。大学ではバラバラになったものの、三人とはなんだか馬が合って、時々一緒に行動していました。

なかでもT君は、落ち着いた人でした。彼は音楽が大好きで、家には昔の大判のL

Pレコードが棚にズラリと並んでいました。それらを音質の良いスピーカーで聴かせてくれるのです。二人で聴きながら、T君が「これはカラヤン指揮の○○曲なんだよ」などと解説してくれます。それがとても快感でした。

彼は生きるということ、学ぶ意味を真正面から考えていたようです。これはT君だけではなくて、三人とも同じでした。哲学的なことをよく議論して高校時代を過ごしました。

僕たちが大学に入学した頃は、ちょうど大学紛争が最も激しい時期であり、東京大学がバリケード封鎖され、入試が実施できなくて中止されたほどです。そんな時代的雰囲気のなかで、真面目に考え生活していたからこそ、自治会やサークル活動にも関わっていくことにもなりました。

T君の場合は、関西のいわゆる学生運動が盛んな大学だったので、やはり影響を受けたようです。

僕は東京の大学にいましたから、お互いに手紙で交流するのですが、大学の環境があまりにも違うせいかどんどん心が離れていく。彼はいわゆる実力行使も辞さない強い考えになっていきました。僕は「おかしいな？　あんなに気持ちが優しくて素敵な人が、どうしたのかしら？」と不思議に思ったものです。一時は、敵対的とも言えるほど真逆の理論上での関係になっていました。

お互いに手紙をやりとりして、「それは、違うのではないか」などと論争もしていました。一度直接会ってとことん話し合ってみましたが、まったくかみ合わないのです。お互いに辛かったです。

それからずっと疎遠《そえん》になっていたのですが、尾木ママとしてデビューしたのを見たと、彼から連絡が来て、またお会いしました。もちろん、その時は大学当時のことには一切触れないで、和やかな時をすごすことができました。時間の力とは偉大なものです。

そんな複雑な経緯はありましたが、三人とは、思春期・青年期にお互いに「生き方をまさぐり求める」という意味では、すごく波長が合ったのかもしれません。それぞれの個性や違いを大切にし合う関係でもあったようです。

僕は〝自分とは何者なのか？〟悩んでいました。若き哲学者『三木清全集』が岩波書店から刊行され始めると、すぐに予約して買い求めて一生懸命読み込んだものです。そのなかに「人生論ノート」という小論があって、これは易《やさ》しいと思って読み進めたのですが、あとの作品は難しくて難儀しました。また、戸坂潤や、庶民派の哲学者・柳田謙十郎の人生論や弁証法の理論などにもずいぶんのめり込んでいました。必死に自分探しをしていたのかもしれません。

こうして大学時代には、ヘーゲルやレーニンなどの論理学にも入り込んでいきましたから、かなり頭でものごとを考える理屈屋さんだったのではないかしら。だから、その意味では僕はきっと姉にも似ていたのですね。

遊びのなかに、多くの〝名人〟がいた

そんな親友との「生きる意味を求める」当時を振り返ってみますと、子どもの個性

を育てるとはどういうことかという問題にもつながるように思います。

僕が子どものころは、いまの大学入学共通テスト前の大学入試センター試験のように全国一斉に学力を競わせるような試験はありませんでした。１９６０年代小中学生の全国一斉学力調査は実施されたのですが、競争を過熱させるという強い批判が起きて、64年には一度は中止になるほど、社会的にも受け入れられなかったのです。他人と競い合わせる経験は、私たちにはあまりなかったのです。高校進学率も6割ぐらいで、成績優秀な子も就職したりしていた時代でした。

子どもたちは、放課後なんかに、お宮さんの境内《けいだい》に異年齢で集まってみんなで遊んでいました。そんな子どもの集団が地域ごとにいくつもあったのです。地域だけではなく、学校生活もおおらかなもの。放課後に教室のバケツを持ってナマズ捕りに行ったりしました。捕って帰ると、先生たちが大喜びしてたっけ。

小学生のときには、学校の裏山が雑木林だったのですが、年に1回、そこで全校生徒が参加する「ウサギ狩り」がありました。1年生から6年生まで、みんなで横に一列になって手を繋ぎ、ウサギを囲み追い込むのです。先生方はというと、林の奥の向こう側でネットを張って待ち構えているわけです。そこに向かって僕たちはバケツを叩《たた》いたりしながらワァーと一斉に追い込んでいくのです。

するとと、驚いたウサギが飛び出して逃げてきて、そのネットに引っ掛かるのです。それを先生方はウサギ汁にして食べるの。いまでは想像もつかないような行事（？）です。そんなのどかな時代でした。

そういうのんびりした雰囲気のなかで、放課後は地域のお宮さんの境内にみんなが集まって野球をしていると、やたらと野球の上手《うま》い子がいるのです。

現代でいうと、甲子園目指して頑張っている野球少年のようなスポーツ少年が、当時もたくさんいたのです。僕の近所のある家では、お父さんが「うちの息子は甲子園に出るんだ」と、自宅の前庭で息子さんと毎日のようにキャッチボールしていました。バチッ、バチッっと、ボールがグローブに吸い込まれる乾いた音が何時間も聞こえていました。

そんな家庭があちこちにありました。

僕は野球の上手《じょうず》な子を見てすごいなぁ～と純粋にあこがれていました。野球だけじゃなくて、ナマズを捕まえる名人もいて、洞《うろ》の奥深くス～と手を入れたかと思うと、その手をガバッと引き出す。すると、見事なものです。いつの間にかしっかりナマズを捕まえているのです。ビックリしますよね、僕なんかただの1度も素手でつかまえることができないのに。どれだけ頑張っても、ツルッと逃げられて捕まえられないのです。

ウナギ捕りの名人もいました。棒の先に仕掛け糸とハリにミミズを付けてウナギの潜んでいそうな穴に流し込んで釣るのですが、よく捕れるのです。僕が同じようにやっても、何が違うのか、1回も成功しないのですね。そういう名人が何人も輝いていました。勉強ができるとかできないとかは、日常生活ではまったく関係がありませんでした。

地域の生活のなかからも見えた人々の個性

僕の住んでいた地域は農家が多かったものですから、あそこの奥さんはダイコンを育てるのがメチャクチャ上手《うま》いとか、漬物をつけるのが上手な評判の人がいたりとか、甘くて美味しいサツマイモ作りの名人とか、〝スイカなら○○さんだ〟というふうに、名前の前に枕詞《まくらことば》のように「スイカ作りの○○さん」と呼んだりして、地域の大人たちがそれぞれを認め合って生活していたのですね。

僕の母が、スイカ作りの名人と同じように、1メートルぐらいもある深い穴を掘って堆肥《たいひ》もたっぷり入れてスイカ作りに励んでも、同じようには大きく甘くはならないのです。何が違うのかサッパリわかりませんでした。

田圃《たんぼ》だって、隣の田圃では7俵のお米を作るのに、うちは6俵しか採れないなどと母は悔しがるのです。人々が、それぞれ輝く分野をもっていました。子どもの世界だけでなく、大人の社会もそうだったのです。

木を伐《き》り出す名人もいましたよ。木を伐るって実は、大変なんです。木を伐り倒して麓の道路まで山の急斜面を引きずり下ろし、トラックの荷台に滑車でつるし上げて積み込み、製材所まで運ぶ危険な力仕事ですから、いろんな特殊な道具を使うのですが、僕はその様子に見とれて思わず「上手いなぁ〜」と感心したものです。

元来、子どもはみんな輝く個性をもっている

子どもは本来、みんな輝く個性をもっているんだなぁと、僕は自分自身が育つ過程の随所で実感していました。

学校でテストがあると、僕にはそれが嬉しかった記憶があります。なぜなら、いつも学校で配られる用紙は安物のわら半紙なのに、市販テストになると鉛筆の走りがよい白の上質紙になるからです。それに昔は鉄筆《てっぴつ》というものを使って、ガリ版で先生が手作りで作成してくれた滲《にじ》みのある謄写版印刷とは違って、市販テストは活字できれいに印刷されているものですから、〝今日は綺麗《きれい》な洋紙だ〟と張り切って答えを書くのが快感でした。

テストで順位がつくなどということは、小学校では1度もありませんでしたから、70点を取ろうが90点を取ろうが平気。○○ちゃんは僕よりも上だ下だという意識もなかったです。

むしろ、そういうテストでの学力競争はなくて、人気者になるにはドッジボールが上手いとか、卓球がすごいとかということが重要。スポーツではすごい子も、授業ではくすんでるなんてこともあり、ある意味、みんな平等だったのかもしれません。みんな一人ひとりが輝いていた、そんな時代だったと思います。

学校の相対評価は、逆効果

いまでも鮮明に覚えていることがあります。それは、僕が中学校に入学してまもない6月ごろのことです。母親が最初の保護者会から帰ってきて、「○○さんは夜の9時まで勉強しているんだって！　直樹も中学生になったんだから勉強しないとねー」と真顔で言うんです。僕は、ほんとうにビックリ。中学生になったら、家で夜の9時まで勉強しないといけないのかとー。

2年生になったらさらに、「××さんは、眠くなると瞼《まぶた》にメンソレータムを塗って勉強している」と母が聞いてきたのです。よし、それじゃぁ、僕もやってみようと、実際にやってみたんです。そしたら、これがもう大変。付けすぎたのか、もう涙がボロボロ……。勉強どころではありません。目が冴え渡り、眠れなくなったのです。焦りましたね。当時は塾なんてどこにもない田舎ですし、そんなのんびりした中学校生活でした。

ところで、競い合いのためのテストは良くないと思っています。一人ひとりにだけ目を向けていると、その子がたとえ現在は勉強ができなくても、できるように成長していきます。1年前に比べれば、どの子だってよく話せるようになっていますし、漢字もいくつも書けるように成長している。だから大切なのは、生徒を一個の独立した人間としてとらえ、ほかの子どもたちとは比べないことです。「相対主義」ではなく、それぞれの個を基準にする「個別主義」をとることがポイントです。

現在のように、一斉授業をやり一斉にテストをしてほかの子と比べるというのは、なんの意味もないと思うのです。はっきり言って、むしろ逆効果ではないでしょうか。日本の場合は、学校の通知表などのいわゆる「5・4・3・2・1」という評価のしかたは、2002年からは、目標への到達度による絶対評価に変わりました。でも、いまだに以前からの、集団の中での位置を示す相対評価の考え方から抜けきれていません。相対評価で言えば「できる」子、つまり「5」と「4」の合計は31パーセントにしかならないのです。5段階評価で言えば「5」がつく子は全体の7パーセント、「4」の子は24パーセントと割合が決まっているのですから、それに見合った低い数字しか出ないと決まっているのです。

相対評価は、国にとっても実に損な評価システムだと思います。たとえば、内閣府のデータ（「我が国と諸外国の若者の意識に関する調査」2018年度実施）では、自分自身に満足している若者の割合がアメリカやイギリスなどが8割を超えているのに対して、日本では5割弱しか満足していません。なんと、調査対象7か国中最下位です。この背景には、日本の競争教育、他者と比較する教育の弊害が大きいと思っています。子どもたちみんなが「自分はできる！」と自信タップリで、自分らしく精一杯能力を発揮した方が、社会は元気づけられ成長すると思います。

日本の親のなかには、競争原理をテコにして競わせる方法が正しい思って、たとえば、小規模校よりも大規模校の方が激しい競争が生まれてわが子が伸びると考え、学校を選ぶ方も少なくないようです。競争がない教育は子どもがなまけてしまって伸びなくなると考えてしまっているようです。真実は、まったく逆なのにです。

原物に触れさせて、教えた母

僕の母は小学校の教員をしていたからだと思うのですが、子どもが何事にも興味・関心が向くように気を付けてくれていたように思います。

暗くなると夜空を見上げて、「ほら、直樹、見てごらん。宵《よい》の明星《みようじよう》だよ」なんて空の星を指さす。なんだろうと思っている僕に、輝く星の中でも太陽や月に次いで明るくて、明け方と夕方にしか見えない金星《きんせい》を「明けの明星」とか「宵の明星」だと教えてくれたんです。また、歴史上の人物の話や有名な短歌などもそらんじて聞かせてくれました。「山に霧がかかるのはどうしてか?」なんて自然現象のことなども聞くんです。

僕にいろんなことに興味をもたせようとしてのことだと思います。教室ではなくて、普通の生活の中で学ばせようとしたのかもしれません。

さんまさんの番組で「尾木ママ」が生まれたのは、〝普段着の感覚でのやりとりから〟とお話ししましたが、そういうごく自然な雰囲気のなかで育ててくれていたんですね。そのことが僕の際立った個性を育む大きな原動力になったのかもしれません。

実家には土の壁の蔵《くら》があって、そのすぐ横に山椒《さんしょう》の木が植えてあったのです。夕食を作っているときに、ときどき母が「直樹、山椒を摘《つ》んできてくれないー?」と頼むんですね。〝何に使うの?〟と思いながら、実《み》や葉を小さなザルに摘《つ》んで持って行くと、「この山椒は辛いのよ。『山椒は小粒でもピリッと辛い』って昔からよく言うんだよ。だから直樹は、体は小さいけれど、山椒のようにピリッと辛い人になろうね」と話してくれたのです。ことあるごとにそんな感じで僕に接してくれました。

僕が小学校５年のときのことです。開校記念日の前日だったから、よく覚えているのですが、明日は学校が休みになるから宿題をやるのは明日にしようと思っていたのです。そうしたら、母が「直樹、ちょっと座りなさい」って言う。両親が「座れ」と言うときは、いつも〝何か大切な話を、ちゃんとするとき〟でした。大事なことは、立ったままとか、家事をしながら教えるわけではなかったのです。

何かなと思いながら座ったら、いきなり「『明日《あす》ありと　思う心の仇桜《あだざくら》（散りやすいさくらの花ということ）　夜半《よわ》に嵐《あらし》の　吹かぬものかは』という偉いお坊さんが詠《よ》んだ有名な歌があるんだよ。〝明日があるぞと油断してノンキにしていると、見事に咲いている桜の花も散っちゃうかも知れない、だから、今できることは今のうちにやりなさい〟という親鸞聖人《しんらんしょうにん》の教えなのよ」と解説してくれました。そんな偉いお坊さんでも、後悔するようなことになるのかと僕はビックリして、真剣に受け止めてしまったのです。

僕が意味をわかろうが、わかるまいがあまり気にせず、原文そのまま直球でうち出し教えようとしたのですね。

また、母は僕が失敗するたびに、よく「直樹は大器晩成型だから大丈夫よー」と励ましてくれました。「それ、どんな意味なの？」と、あるとき聞くと、「昔、中国の有名な方が言ったことがあるの。――」と教えてくれました。

農業だけをやっていたら仕事に追われて、恐らくそんな知識や教養をもてる時間もなかったかもしれませんが、教員だったからこそ多少なりとも知っていたのでしょうか。そうしてことあるごとに教えてくれたことが僕にはとても印象深かったのです。いまでも母に教わったことは、短歌でもスルスルと出てくるのです。

生活の延長線で、偉人や歴史上の人物の話などがたくさん出てきて、そのたびに、〝へぇ～〟と感心していたのですから、知的な刺激を与えられていたのかもしれません。

尾木ママの子育て――個性を大切にしたつもり

自分の娘の子育てでも、偏差値がどうかとか、誰かと成績を比較するようなことはほとんどありませんでした。

子どもを管理することはあまり口にしなかったのです。上の子が高校生の時に学校から呼び出しがあってビックリして出かけました。すると、図書室に20人ぐらい呼び出されて、「生活が乱れている」と注意を受けたのです。

よく聞いてみると、「あなたは遅刻が多い」と言う。遠慮がちに「どれくらい遅刻しているのでしょうか?」と聞くと、「20回です」と言われました。

中学や高校で教員をしていると、しょっちゅう遅刻してくる子もいますから、〝なぁんだ、20回ぐらいなのか〟と内心、安堵《あんど》してお話しを聞いていると、「このままでは大学への推薦はできません。頑張ってください」とたたみ掛けられたのです。

そしたら隣に座っていた娘が黙っていればいいのに、「私、推薦は希望していません」などと切り返してしまったのです。

個性を大切にする意味では、下の子も個性派でした。小学校4年生の時だったかしら、秋口に粘土工作などの「作品発表会」がありました。空きビンを芯《しん》にして東京タワーのような塔を作ることがテーマだったようです。たくさん陳列された展示室の机上に、一つだけどう見てもハクチョウのような作品があるのです。〝へぇ～、面白い作品を作る子もいるもんだな～〟と不思議に思って名札をのぞいたら、なんとそれはわが子の名前だったのです。

ビックリして家に帰って、「どうしてテーマとは違う白鳥を作ったの？」と聞くと、「作っている内に、あっ、これはハクチョウの方がいいなと思ったからハクチョウにしたの」という返事。担当の先生は「面白い子ですね」と、気にもとめずに褒《ほ》めてくださったのには安堵しました。

「グローバルな人になれ」が口癖

僕が我が子たちに一貫して強調していたのは、「グローバルな人になれ」ということです。日本にはもちろん独自の良さもあるのですが、とにかく島国で国土も狭いので、世界から見るといろんな問題点が多すぎるように思います。だから子どもたちには、「世界はどうなっているのかを常に見ていなさい。グローバル、グローバルにー」とずっと口癖《くちぐせ》にしていたのです。とにかく〝外へ出よう〟というのが、僕のモットーでした。

実際に上の子は、日本で勤めていた会社を辞めて渡米、あちらで長く仕事をしていました。下の子も高校時代に海外へ留学しました。

世界のどこででも生きていける国際人になってほしいと思っていました。グローバルにどう生きるかという視点を小さい頃から大切にしたかったのです。

「原始的な生活」から人の優しさを知る

私には、これまで教師としても親としても、そして社会人、私人としても、ずっと心がけてきたことがあります。それは、厳しくあらねばならない場面でも、優しさを忘れずに人と接し、行動するということです。「優しさを軸に生きることで、人生は豊かになる」――これが私の人生訓の一つなのです。

私がこのようなモットーをもつに至った背景の一つが「幼児期から生活がかなり原始的だった」ことにあるのではないかと思っています。このことをお話しすると、みなさんによく笑われるのですが、実は、僕の生まれ育った滋賀県の湖北に位置する伊吹村に、初めて電気が通った時の話が面白いのです。

小学校1年生頃の出来事ですが、初めて電気が村に通ったのです。工事のおじさんたちが通学路の片側に深い穴を掘り、電柱を立て、電線を張っていく姿を見るのは、もう感動そのもの！　ワクワクして見ていました。

家に電灯がともったのは夕方の6時頃でした。裸電球が一つぶら下がった居間に家族みんなが車座に正座して、今か今かと点灯を待っていたのです。ちょうど6時になった瞬間、パッと電気が点《つ》いたとたん、超ビックリ！　まばゆい明るさです。よく見ると、天井が蜘蛛《くも》の巣だらけうす汚くて参りました。だけど、大変嬉しかったです。それまではランプの光だけで、今、振り返ると山小屋生活のような毎日だったのです。そのあまりの明るさに感嘆しました。

そしてこんなに便利になったのも、おじさんたちがあの深い穴を掘って電柱を一本一本立ててくれたおかげなんだと感じたのです。

子ども時代のもう一つの衝撃的経験が、雪道を学校へ通うこと。小学校へは徒歩で25分ぐらいかかるのですが、私の住む地域では、昔は雪が平地でも1メートルや2メートル近くも簡単に積もるのです。家から道路に出るだけでも大変でした。1階の軒《のき》先《さき》まで積もった雪で玄関がふさがり、自分の背丈《せたけ》よりも高く積もった雪を越えて外に出るために、トンネル状の穴を掘ったり、雪の階段を作ったこともあります。その階段を上り下りしないと外には出れないのです。道路に出てからもまた怖いのです。道の両側は畑なのですが、雪で真っ白ですからどこが道だか畑だか区別がつかなくなっているからです。

そこで朝の6時頃から村の「総出《そうで》」と言って、それぞれの家から1人ずつ力仕事をしてくれる人が出るのです。だけど、道をつくるために雪を掻《か》いている時間はありません。ですから雪踏《ゆきふ》みをするのです。みんなが長靴やわらじを履いてです。これは「道開《みちあ》け」と言って、人が歩ける幅だけの道を踏み固めるのです。

僕の小学校低学年の頃、雪路を踏み外さないように姉の後を付いて歩くのですが、僕が「もっとゆっくり歩いてよ」などとお願いすると、「もう置いていくわよ」と言いながら姉は先に行きそうになります。追いつこうと急ぐと、道から踏み外して雪の深みにズボッとはまってしまうのです。一人では這《は》い上がれないほど深くはまってしまう。こうして、何回か落ちました。

足元だけではなくて、道の両側には1~2メートルもの高い壁ができてしまうのです。小学校1年生の時、僕の身長はたったの96センチしかなかったものですから、歩いていても雪の壁しか見えません。上を向いても空が灰色に見えるだけ。それも、吹《ふ》雪《ぶ》けばその空も見えなくて、真っ白な空間にまるで閉じ込められている感じでした。本当に怖かったですー。

「道開け」は朝だけではありません。学校に行っている間にドカ雪が積もったら夕方にも「総出」で村の人が雪踏みをしてくれました。時代が進むとブルドーザーや除雪車などが朝夕稼働《かどう》するようになっていくのですが、多くの大人が体を張って守ってくれたので、〝繋がりのなかで人は生きているのだ〟と実感していました。

もちろんそれだけではないですが、そんなことが今でも強く印象に残っていて、思いやりや優しさの強さと大切さを知ったのかもしれません。そういう命がけの繋がりや命を守り合う思いやりがなければ、誰も子どもは生き延びられなかったということを意味するのです。

これはなにも〝昔は良かった〟などとただ懐かしがっているわけではなく、今でも、競争に取りつかれたり、〝自分は一番だ〟などと順位を争うのではなくて、人と人が助け合い思いやり、人間味の濃い温かな〝ごく普通の生活〟——その意味での〝原始的な生活〟を取り戻すことが大切ですし、それはできると思っています。

つらい経験は、人の気持ちに敏感にさせる

高校受験の失敗を筆頭に、僕の場合は試験での失敗が多かった経験も現在の人生に大きな影響を与えているように思います。人をしっかり見つめたり、思いやったりすることの大切さを身に染みて知りました。

失敗の経験では、母から言われたこんな言葉も、僕に大きな影響を与えたのかもしれないと思います。

中学・高校教師を22年、大学の教員になって22年。僕は合計44年間も教員でした。最初は教師が好きではなかったのにです。高校生時代、体罰をふるう体育の教師の嫌な体験から、「教師になんてなるもんか!」と思っていたくらいです。

だけど、母は僕の失敗をいくつも知っていたからこそ、「つらい経験をいっぱいし

ているからこそ、直樹はいい先生になれると思う」とアドバイスしてくれたのです。

この一言は、僕の人生を決めるうえですごく大きな影響を与えました。母は〝そういう理不尽なことで苦しんでいる子や不登校の子、非行の子たちの気持ちがよくわかる「いい先生」になれるはず〟と、アドバイスをしてくれたのです。

いい先生とは、受験指導のうまい教師という意味ではなく、つらい子の気持ちがよくわかる先生になれるという意味だったのです。なるほどといたく合点して〝先生になるのもいいのかも〟と僕は思ったのです。

教師を志すことになったもう一つのきっかけは、学生時代の教育実習です。教育実習のために僕は出身中学校に行ったのですが、実際に実習を経験してみると、「教師ってすごく面白いなぁ」と強く惹《ひ》かれたのです。僕は子どもたちと一緒に、自分が一番得意で好きな詩をいくつか学習しました。みんな生き生きと目を輝かせて聞いてくれ、自分たちも楽しく詩を作ったりしたのです。

この実習を受けた一人の生徒は、「先生の授業で文学の面白さを知って、大学に入って勉強したんですよ」と言っていたと後で人伝《ひとづて》に聞いて、教師の影響力というのは小さくないのだなぁと思ったものです。校長先生も「教え方がうまいねぇ、君は教師に向いていているんじゃない？」なんて褒めてくれました。

生徒もよくなついてくれましたから、「中学生ってすごくかわいい！」と実感したのです。実習が終わると、子どもたちは色紙を書いてくれたり、実習生とのお別れを大事にしてくれました。それもすごく心に残りました。教員というのは喜びが大きいと、しみじみ感じました。

いじめは〝心に刺さるナイフ〟？

僕の失敗は入試や進級など学校にまつわることがらが多かったのですが、現代の子どもたちは、友だちや親との人間関係が上手くいかないことを失敗と感じる傾向が強いような気がします。学校生活で一番多い悩みは、「いじめ」問題ですね。

「いじめ」に関して、僕はビックリするある経験をしました。故郷に近い長浜《ながはま》（滋賀県長浜市）に講演に出掛けた際のことです。「緊急同窓会」という名目で講演終了後、20人ほど別室に集まりました。和室があったので、そこでみんなが車座になって話をしたのですが、お互いに長い間会っていなかったので顔も名前も分からないのです。そこで、まず「自己紹介をしましょう」ということになりました。

するとー人の小柄な女性が、「私は、中学2年生の時にいじめられていた○○です。その時に尾木君に助けられて、その後、いじめがなくなり明るい性格になれました」と告白したのにはビックリ。みんなも急にザワついて、「やっぱりそうなの。道理で2年生になってどうして急に明るくなったのかと不思議に思っていたのですよ」などと当時を思い出す人も出てきたりして、「へぇー、尾木ママに助けられたんだ～」と爆笑になったのですね。

詳しく聞いてみると、ある男子にいじめられていた時に、僕が「やめろ！」と叫んで正面から立ちはだかって止めたというのです。それを聞いて、僕は正直ホッとしました。僕自身はよく覚えていなかったのですが、我ながら〝勇気があったなぁ～〟とうれしい気持ちになりました。

このように、いじめの防止に成功したことがきっかけで性格までも変わって明るくなれるようです。人はどこでも繋がりを大切にして支え合って生きているのですね。

米原市で講演をした際には、地元の同級生が思い思いに十数人ほど集まって、講演会の後に近くのカフェで二次会を開きました。そのとき、僕の前に一人の同級生がおずおずとやってきて、いきなりしゃがみ込んだのです。そして、「実は僕、ひとつお詫びがあるんです。僕、尾木君のこといじめていたんですー」と告白し始めたのです。僕はビックリして、「エッ、どんなことしたんですか?」と尋ねると、「小学生のときに、学校の帰り道、僕は太っていて重かったのに、じゃんけんで勝ったとかいろんな難くせをつけては、〝おんぶして歩け!〟って、君に坂道をおんぶさせたのです」と言うのです。

カバンを持たせたり、よくあるいじめのパターンなのですが、そのことを本当に申し訳なかったと、なんと60年ぶりくらいに話されるのです。

僕は、正直に打ち明けてくれたことにすごく感動しましたが、いじめたというご本人は長年、いじめてしまったことに心を痛めていたようです。いじめはこのように被害者も加害者も、これだけ長い歳月を経ても、尾を引くのです。実に根が深いのです。ひと言で言えば、〝心にナイフを刺す虐待〟のようなものです。被害者にとってはもちろん、加害者にとっても心に深い傷跡を残します。だからこそ、いじめは絶対に放置してはいけない。防止こそ大切なんです。

いじめ問題は現在では子どもたちの問題を離れて、40代、50代の大人を含めた社会全体が体験していますから、克服は社会全体の大きな課題になっています。このいじめ問題のトラウマをどう解決していくのかは、国民的な大きな課題になっているのではないかと僕は考えています。

現代はネット社会で、ＳＮＳがすっかり浸透して、匿名《とくめい》に甘えて相手をガンガン攻撃するようになってきています。民主主義や「優しさ」が崩れてきています。時には苦しさから自殺者まで出すような、こんなに荒れたネット社会では、民主主義は発展のしようがありませんよね。

学級委員の役割は仲間を守ること

人を思いやり守るということでは、僕が教師をしていたときのことで思い出すことがあります。ある日、女子の学級委員が「先生、きのうの先生の出張中の自習の時、○○君と××君が自習しないでずっと遊んでいて、教室の中を走り回っていました」と報告をしてくれました。そこで僕は彼女に、「君は学級委員じゃないの？　学級委員というのは、誰の代表なんだろうか。クラスのみんなの代表であって、決して先生の小間使《こまづか》いでも、〝小先生〟でもないんだよ。たとえそんな事実があったとしても、先生にそのまま言うものじゃないんだよ。『みんな普通にやってました』などと少しウソをついても、みんなのことを守るのが学級委員だと思うよ」と言いました。

彼女はビックリしていました。彼女は「良く言ってくれたね」と先生に褒めてもらえると思っていたかもしれません。しかし、クラスの仲間から信頼されなければ、真のリーダーにはなれないのです。

僕は変わった先生だと思われていたかもしれません。

引っ越しの経験から得られたもの

何か困ったことが起きると、村中の人々が「総出」で助け合うことが日常の生活風景だった里山の伊吹村で育った経験は、他者への思いやりの心の大切さを教えてくれたように思います。一方で、そんな山村に住む15歳の少年だった僕は、１９６０年代に実施されていた「学テ」（全国一斉学力調査・文部《当時》省）で当時日本一を誇っていた香川県に引っ越して、その一面の実態を知った経験からも大きな影響を受けました。

順位を下げないために、先生が前日に成績の悪い子を名指しして、「あなたと君は、明日はお休みしていいですよ」などと言って、公然とテストを受けさせないひどい学校が存在するとか間接的に耳にすることになったからです。

僕の弟が「兄ちゃん、兄ちゃんー。今日ひどかったよ！」と、息せききって帰ってきて、一気に教えてくれたのは、「先生が答えを教えるんだよー。僕が正答は、Bだと思ってBに○をつけておいたら、先生が机の間をまわりながらCの方を指さすんだから。絶対おかしいよー」って怒るんです。それを聞いた家族もみんなでビックリしました。

引っ越し先では、夕方になると塾のマイクロバスが子どもたちを送ったり迎えたりするために市中を何台も走り回っていました。これにも、驚きました。大変教育熱心な地域に引っ越して来てしまったんだと、家族全員で驚いたものです。試験もないのんびりとした伊吹村の山里から、コンテナ船でやっとの思いで引っ越してきたと思ったら、こんな世界の学校や教育もあったのです。

僕の不正を嫌う正義漢の一面は、こうした経験の影響もあるかもしれません。

四　現象ではなく、子どもたちの心に向き合う

心を管理したらダメ

子育てでも教育でも、子どもと接するうえで大切なのは、子どもたちの表面的な現象にとらわれることではなくて、その奥に潜む心の叫びに向き合うことだと思います。心に向き合えば、必ずと言っていいほど通じ合えるのです。非行の子でもどんな子でも、これまで通じなかった子はいなかったと思っています。

学校にはいわゆる授業活動と、生活のルールづくりなどゆるやかな管理を必要とする分野がありますが、どちらにおいても、心を管理してはダメなのです。心を管理したら、その瞬間に教育ではなくなってしまう危険があります。

子どもの「心を管理しない」という意味は、教師側の思いだけでモノゴトを見ないこと。一方的に子どもを評価しないということです。

ところで、自分を振り返ってみても、教師というのは職業柄どうしても〝この人、どうかな〞と一瞬、相手を評価してしまう癖があるようです。でも、それよりもまずは、ただ相手の心を「聴く」、「いったんはありのままに受け止める」プロセスが、人間関係を結び信頼を築く大切な入り口だと僕は思っています。

相手の言い分や、弁解を聞いてみると、「エェッ」って驚くような、あるいは「なるほどなぁ〜」と合点するような話が、必ず潜んでいるものです。「ああ、それは思いもしなかった」とか「そういう意味だったのか」と、新鮮な発見や気付きがあるものです。これは親子関係でもまったく同じだと思います。

だから、どう考えてもこの子が悪いに決まっていると思うような場面でも、いきなり頭ごなしに決めつけたり叱ったりするのではなくて、まず、〝「どうしたの?」と言葉をかけましょう〞。これは尾木ママのキャッチフレーズにもなっています。

たとえば、問題行動を起こした子に「どうしたの？」と聞くと、彼は自分の話を聴いてくれるのだと安心して、「実は、こんなことがあってー」などと本音を話し始めます。「へぇ〜、そうだったんだ」などとうなずきながら、じっくり話を聴いてあげると、不思議なのですが、どんな子でも、なんだか心の底から元気が出てくるようです。「でも、先生、オレものすごく悪いと思ってますー」などと自分の弱点を素直に認め始めるのです。そして、「これからは、こうしようと思います」などと改善の方向性や今後の展望まで示してくれます。だから、「君、えらいねェー」って、最後は褒めてしまうことになるのです。

これは教員としては最高の喜びで、何百回味わったかわかりません。どんな場面でも同じ呼吸でいいのです。絶対に決めつけをしない、上から目線や教師目線ではなく、子どもとフラットな気持ちになって「どうしたの？」と向き合う姿勢を心がけてきたことが、もしかしたらママ的な雰囲気にも発展的に繋がっているのかもしれません。

優しさを貫くことこそ大事

中学校の教員をしていたときに、文化祭で「この学校の一番怖い先生、一番優しい先生ランキング」などという企画がありました。生徒からとったアンケートの結果を何枚かのポスター用紙に書いて発表していたのです。「一番優しい先生」のコーナーを見ると、ある意味では予想通りに「尾木先生」と出ていました。でも、もう一方の「一番怖い先生」のほうにも、やはり「尾木先生」だったのです。

この結果は、一見矛盾しているように見えますが、僕には納得できました。なぜなら、僕は普段はきつい口調で叱ったりしませんが、人権侵害や他人のプライドを踏みにじるような行為や言葉には、毅然《きぜん》として「それはダメ！　やめなさい！」と厳しく叱っていたからです。

こんな僕の対応の仕方を見て、ある時ニヤニヤと受け止める中学1年生の子がいたのですが、その子に僕は言葉を付け加えて、「中学校3年間でこのことをニヤニヤ笑いながら受け止めない人に成長してほしい」と迫りました。尾木ママになってからその子と電話で話す機会があったのですが、そのときのことをリアルに覚えていてくれて、「当時は、超変わった先生に出会ったなぁと思っていました」と述懐《じゅっかい》していました。「でも、先生に出会ったおかげで、僕は3年間不登校にならないで学校に通えたんだと思っています」と感謝してくれたのです。

そういう「毅然とした厳しい優しさ」を貫く、そして教師自身もそういう生き方を見せていくことが大切で、それが子どもたちとの信頼の根っこを太くするのだと思います。

「一番優しい先生」だけど「一番怖い先生」――。これは、子どもたちに僕の姿勢が伝わっているんだと正直、とても嬉しかったです。

「優しさを軸に生活の歯車を回す」「優しさを軸に生き抜くこと」は、人生を限りなく豊かに強くしてくれるのだと僕は信じています。

《エピローグ》――アフターコロナの時代に

～繋がりあって、新しい時代に生き延びる

本書の原稿が大方まとまろうとしていたまさにその時、コロナショックが世界を襲いました。

日本国内における新型コロナ感染症の爆発的広がりを受けて、政府が今年（2020年）4月7日に発令した「緊急事態宣言」は、その後、いったん収束傾向を見せたことにより、5月25日をもって解除されました。学校も社会・経済活動も徐々に制限や自粛《じしゅく》が解かれ、再開され始めています。

しかし、世界は決してコロナショック以前に戻ることはありません。私たちは「新

しい生活様式」や「新しい日常」を一つの例として、新しい生き方を手探りで模索し、新しい時代を開拓しながら生きていかざるを得ないのです。

一方で、このコロナ禍《か》で様々な新しい課題や希望の光も見えてきました。大丈夫、世の中悪いことばっかりじゃないですよ。

このエピローグでは、本書第Ⅰ部、第Ⅱ部とずいぶん違ったトーンにはなりますが、それらに連続する形で、「アフターコロナ時代」の子育てと教育について、「尾木ママらしく」、未来志向でお話ししたいと思います。

※　※　※

2月27日に安倍晋三《しんぞう》首相が突然に、全国すべての小・中学校、高校などに3月2日から春休みまでの臨時休校を要請しました。それから実に約3か月、子どもたちは学校にも公園にも行けない時を過ごすことになったのです。現在、学校は再開されたものの、この間の「遅れを取り戻そう」と、テスト漬《づ》けのほか、小中では8時間、高校では9時間目までの詰め込み授業。大量のプリント課題で家庭学習など、子どもたちは毎日を追いまくられています。理解できる子とそうでない子の学力格差は、ますます広がっていくことでしょう。子どもたちのストレスや不安は、いかばかりのものか。学校は再開されても問題は山積と、僕はとても心配しています。

新型コロナ感染症の拡大という未曽有の世界的災禍《さいか》により、社会、経済、政治、あらゆる分野において、私たちはこれまでの形や考え方から劇的な変化を強いられる一方、ピンチの中にも新しい課題や希望がいくつも浮かび上がってきたように思います。

これは、教育の領域も例外ではありません。9月入学論の是非をめぐって活発に議論が交《か》わされましたが、その中で、現在の日本における教育の問題点や課題が鮮明に浮き彫りになりました。結局、9月入学制度の2021年度からの導入は見送られましたが、この議論の沸騰《ふっとう》は、日本の教育にとって貴重な一つの財産になったのではないでしょうか。

私は、学びの選択的な多様性や個別学習への転換こそが、今後の日本の教育には不可欠だということが明らかになったと思います。

これまでの日本の教育は、年齢による一斉《いっせい》進級という「学年主義」（「履修《りしゅう》主義」ともいう）で進めてきました。しかし、これからは欧米など多くの国がそうであるように、個人個人の状況に合わせて、個別にそれぞれが多様な学びを達成して成長していく「修得主義」に転換していくべきでしょう。そうすれば、文字通り「インクルーシブな教育（多様性尊重の教育）」へと、大きく舵《かじ》を切ることができます。現在の空洞化した一斉主義の下、ひたすら競わせる弊害《へいがい》の多い競争や、一斉に教え込む一方通行の授業ではなく、2020年度から新しく導入された「主体的・対話的で深い学び」（アクティブ・ラーニング）をコロナと共存しながら実践し、個別学習に転換させできれば、すべての子どもたちが伸びて成長するはずです。

コロナ禍はまた、私たちに家族のあり方をも根本から問い直しました。家族が24時間一緒に過ごす自粛生活なんて、日本人にとっては初の経験でした。この困難を機に家族の繋《つな》がりの大切さを改めて知り、結束を強める方向に進んだり、逆に新たな矛盾にぶつかった家族も少なくなかったようです。DV被害やコロナ離婚、コロナ鬱《うつ》なども大きな社会問題になりました。夫婦や親子など家族関係が潜在的に抱えていた諸矛盾が、コロナ禍によってよくも悪くも炙《あぶ》り出された気がします。これまで家族一人ひとりときちんと向き合い、しっかりと心を通わせていたのか、私自身も問われたように感じました。

このピンチをチャンスと捉えられるか？　「今こそ新しい生き方を模索するチャンスだ！」と、ワクワクしながら向き合えたら最高ですよね。これまで難しいと思われていたテレワークやテレビ会議も、オンライン学習も、実際にやってみると「意外とできる⁉」「便利かも」という可能性も見えてきました。私たちが「こうでなきゃいけない！」と思い込んでいた慣習、伝統が、次々と見直され、覆《くつがえ》されています。私は「これはもう新しい時代の始まり、ルネッサンスそのものだ！」などと思っています。

さらに現代では、世界中がオンラインで、いつでもどこでも誰とでも繋《つな》がれる時代です。「こんなアイデアがあるよ」と、誰かが成功した事例をみんなで共有すれば、これまでにないスピードで問題が解決ができたり、思いもしなかった新しい方法が生み出せるかもしれません。この先をもっと幸せに生きる道筋は、こうして世界の人々が繋がり合うことによって、きっと見えてくるように思います。

この先、予想もしない困難が発生するかもしれません。でも、世代や立場を超えて世界中が繋がり合う姿勢こそが、これからの時代には求められているのだと思います。誰もが自分は一人ではないと感じることができる、「優しい新たな社会」を構築するために――。みなさん、この新しい時代を、未来志向でしなやかに繋がり合って、開拓しながら歩んでいきましょう。希望は必ずあります。大丈夫ですよ。

2020年6月　尾木直樹（尾木ママ）

第Ⅰ部は、「赤旗日曜版」に「子育ての悩み尾木ママに聞きたい！」「尾木ママの子育てアドバイス」（２０１４年４月20日号～19年２月７日号）と題して連載したものと、12年１月１・８日合併号掲載の「尾木ママ子育て魔法の言葉」に大幅加筆をしてまとめたものです。

第Ⅱ部と《プロローグ》《エピローグ》は、今回書き下ろしたものです。

尾木 直樹（おぎ なおき）
1947年滋賀県生まれ。中高の教師として22年間、子どもを主役とした教育実践を展開、その後、法政大学教授など22年間大学教育に携わる。現在は同大学名誉教授、教育評論家、臨床教育研究所「虹」所長として、子どもと教育、いじめ、メディア問題を中心に講演活動、メディア出演、執筆など幅広く活躍、「尾木ママ」の愛称で親しまれる。主な近著に『尾木ママの孫に愛される方法』（中公文庫）、『取り残される日本の教育』（講談社＋α新書）、『学習まんが小学生日記　尾木ママと考える！ぼくらの新道徳１・２』（※指導・監修、小学館）。

公式ホームページ
http://www2.odn.ne.jp/~oginaoki/
オフィシャルブログ『オギ☆ブロ』
http://ameblo.jp/oginaoki/
制作協力：臨床教育研究所「虹」

こわい顔《かお》じゃ伝《つた》わらないわよ――尾木《おぎ》ママの子育《こそだ》てアドバイス――

2020年7月30日　初　版

著　者　尾　木　直　樹
発行者　田　所　　稔

郵便番号　151-0051　東京都渋谷区千駄ヶ谷4-25-6
発行所　株式会社　新日本出版社
電話　03（3423）8402（営業）
03（3423）9323（編集）
info@shinnihon-net.co.jp
www.shinnihon-net.co.jp
振替番号　00130-0-13681

印刷・製本　光陽メディア

落丁・乱丁がありましたらおとりかえいたします。

ISBN978-4-406-06477-4 C0037　Printed in Japan